Q&A

誰が 労働法で保護 されるのか?

弁護士
水谷英夫 著

JN064479

LABO

はしがき

　大恐慌のさなかの 1930 年、ケインズは「我々の孫達の経済的可能性
（Economic Possibilities for our Grandchildren）」と題するエッセイを書い
ています。そこでは、先進諸国の生活水準が 100 年後には、1930 年当時
の 4 〜 8 倍程度になり、それによって人間は 1 日 3 時間も働けば生活に必
要なものを得ることができるようになると予想し、当時大恐慌のあおりで
多くの人々が日々の生活にも事欠く状況にある中で、先進諸国の経済が衰
退すると考えるのは「間違いだ」と述べていました。

　ケインズのこの楽観的な予想に当時どれほどの人が賛同したかはとも
かく、GNP だけみると統計上はこの予想は的中していますが（慎重すぎた
とも言えますが）、経済的にはむしろ格差が拡大し、ましてや 1 日 3 時間し
か働かなくて良いという世界は、一般労働者にとっては全く夢物語と言え
ます。そのことはわが国の直近 30 年の「失われた 30 年」を見ても明らか
であり、財界が長年続けてきたコストカット（経費削減）型の経済の中で、
過労死や過労自殺を生み出す長時間労働者をはじめ、低賃金・不安定な非
正規雇用が 4 割にまで拡大し、世界でも特異な「賃金が上がらない国」に
変貌している現状です。

　しかも近年急速に進展している DX（デジタル・トランスフォーメーショ
ン）とともに、働き方の「多様化・柔軟化」というスローガンの下、ウー
バーイーツに代表される請負や委任の契約の形をとったフリーランスが
急拡大しています。その結果、今日インターネットを通して仕事を請負う
これらの人々に代表されるように、雇用主からの指揮命令や人的従属性を
受けない人々（いわゆる雇用類似の働き方）に対応した法規制のあり方、具
体的には労働法の「当事者」概念、すなわち従来の「雇用主」の指揮命令
や人的従属を柱に据えた労働法の保護範囲を、経済的従属性を含めたもの
まで拡張するか否かが問われているのです。近年の裁判例や労働委員会の
命令で、「使用者」や「労働者」か否かが問題となっているのは、このよう
な背景に基づくものなのです。

　他方、コロナ危機や少子化による労働力不足を通して、職場において
は、労働者側からみると「働きがい」「働きやすさ」、使用者側からみると

「エンゲージメント」(＝要は働き手が主体的に組織や任務に貢献する意欲や姿勢)が問題となっており、これらを結びつけるものとして「ディーセント・ワーク(ILO が 1999 年から使い出した語であり、「働きがいのある人間らしい仕事」)」と訳され、近年 2015 年国連が採択した SDGs (持続可能性のある開発目標)にも取り入れられているのです。

　そこで本稿では、これらの労働法若しくはその周辺法領域における「労働者」性に焦点を当てて、従来の裁判例等を紹介する中で、現在問題とされている論点に応えるものを目指しています。

　第 1 章では「働きがい」という意識について述べています。特にコロナ危機で問題とされた介護・医療・保育といった「エッセンシャル・ワーカー」で働く人々の賃金が低いのは何故か？　社会的な賃金の相場はどの様にして決まるのだろうか？　──「働きがい」意識の一つは、自分のやっている仕事が社会の役に立っているということであり、働くうえで極めて重要な要素であり、エンゲージメントを考える際にも不可欠なことと言えます。社会人類学者のグレーバーが、社会に役立つ仕事とは全く逆の仕事があり、それを「ブルシット・ジョブ」と呼んで説明しています。日本語に訳すとやや品のない「クソどうでもいい仕事」を意味しますが、要はどうでもいいあまり役に立たない仕事のことで、グレーバーは、受付レディ、広報担当者、書類整理人、タスクマネジャー (中間管理職)、一部のコンサルタントなどをあげており、本人たちもあまり必要など感じていないという指摘で、かなりの反響を呼んだ問題提起をしており、AI の発達により、消えていく仕事 (タスク) はこのようなものをいうのかも知れません。

　第 2 章では、従来の労働法が考えてきた「労働者」像、法の適用範囲の今日並びに今後の「労働者」像を検討するうえで参考になるさまざまな例を挙げています。

　第 3 章は、会社役員について述べています。わが国では企業の 99.7% が中小企業であり (令和 3 年度中小企業白書より。約 360 万社のうち従業員 5 人以下の小規模事業者は 300 万社 (85%) が占める)、しかも小規模企業の会社役員の大半はいわゆる「従業員兼務取締役」で占められています。これ

らの人々は日々使用者の一端を担いつつ、労働者としての職務も遂行しているのであり、「労働者」像を把握するうえでは不可欠な存在なのです。

　第4章以下は、さまざまな職務、職種の人々を取り上げていますが、特に第6章では、今日大きな問題となっている芸能事務所、とりわけジャニーズ事務所問題を取り上げていますが、既視感のある事件です。2015年公開されたアメリカ映画「スポットライト──世紀のスクープ」は、2003年ピューリッツァー賞を受賞したボストン・グローブ紙の調査報道に基づくもので（スポットライトはアカデミー賞を受賞）、今世紀初頭に米ボストンでカトリック教会の神父たち多数（約90人）が子供たちに対して性的虐待を長年に亘って行ってきたことを告発し、教会に闘いを挑んだ映画です。カトリックは妻帯を許されていないことから、神父たちが少年を餌食にし続けてきたもので、市民たちはこの事実をうすうす知りながら、強大なカトリックの力を恐れて泣き寝入りをし、マスコミもそれを知りつつ、これまた手を付けることができなかったものです（興味のある方は是非鑑賞して下さい。）。翻って日本のジャニーズ事務所問題も、私たち読者や視聴者が、このような報道に、単に傍観者にとどまるのではなく、主体的にどう対応（エンゲージメント）するかを問うていると思われます（試されているのは、代表者となった人たちだけではなく、私たち市民であるとも言えるでしょう）。

　本書は、出版社 LABO 部長渡邊豊さんの激励と、事務所スタッフの星野綾子さんの助力により出版することができ、感謝する次第です。AI・デジタル化社会に突入したといわれる今日、本書がディーセントな働き方の一助になれば幸いです。

2023年10月

水　谷　英　夫

目　次

はしがき

第4章　外勤者(外務・営業職)

第5章　「自営的・専門的」業務従事者

Ⅰ　裁量的業務従事者

第**1**章

はじめに〜
コロナ・デジタル化社会の雇用

Q1　デジタル化社会とは？

現在は、コロナ・デジタル化社会と言われていますが、その実態はどのようなものですか？

A 今やDXの時代に突入しており、組織の運営や価値を向上させることが求められており、その中でDXを新しい働き方とどのようにリンクさせていくかが我々の課題になっています。

・・・解説・・・

1　デジタル・トランスフォーメーション（DX）とは何か？

　もともとインターネットなどのデジタル技術は民間企業の熾烈な競争の中で育ってきた経緯から、ビジネスの文脈で語られ、DXの進め方や必要なスキル、その課題などに関しては、私たちは民間の活力・知識を活用しようといったかけ声を聞く機会が多くなりました（例えばDX白書2021など参照）。

　しかしながら一方で国連や日本政府が唱えるように、デジタル社会から「誰一人取り残さない」ためには、ビジネスの発想だけでは実現しません。そもそもデジタル・トランスフォーメーション（DX）は、当初「デジタル化による社会の改善」の意味あいで登場したものでしたが、現在の企業や行政の現場で使われているDXは、「組織がデジタル化を進め価値を向上させる取り組み」を指す言葉になっています。

　本来デジタル化は単に、デジタル技術を導入する言葉や道具としてではなく、DXの目的を組織の変革や価値創造として捉える必要があるといえるでしょう。したがって労働者にとっても、DXは自分が属する組織の経営の健全性や将来性に関わる問題としてとらえ、組織トップらとともに問題意識と情報を共有して進める体制がなければ、DXの成功は難しいことになります。

特に組織にDXを導入する際に、現場を無視した上意下達の進め方は失敗を招きやすく（過去の失敗例をあげると、システム切り替えに際して失敗を繰り返す銀行など）、意思決定プロセスがよく機能している組織でないとDXの成功はおぼつかないですし、ましてや今日、巷に横行しているパワハラ体質の企業などは、充分に注意して取り組む必要があると言えるでしょう。

2　ChatGPTと雇用

ＤＸの典型の1つが、現在、急速に導入が進んでいるChatGPTといえます。

(1)　いわゆるChatGPT

米OpenAI社が昨年11月に公開したChatGPTは、人間のような自然な文章を生み出す対話型「生成ＡＩ」として、その利用が急速に広がっています。例えば「9月に結婚記念日の旅行を計画しているけど、成田か羽田から3時間以内で行けるところを教えて？」、こんな質問にチャットGPTは──グアム、台湾、ケアンズ、北海道──と答え、更に「どこに行きたいですか？」と応答し、チャットが続いていきます（もっとも3時間以内は北海道だけです）。

このように対話型検索ソフトは、友達に聞いているような自然な入力と出力、従来検索が苦手としていた文脈理解、ピンポイントでの回答、どんな質問にも答える汎用性があり、いわば「情報検索」から「知識とコミュニケーション」へとパラダイムシフトが起こっているといえます。

その結果、会社内外からのFAやQAによる商品案内などの応対業務、商品などの技術マニュアルへの対応、学生や生徒からの問い合わせの多い教育機関やＤＸ推進に向けて取組を強める企業の応対などへの活用が期待されています。

企業は、生成ＡＩを使うことで、膨大なデータを駆使して新しいアイディアやデザイン、娯楽等を創出して、ユーザー好みのデータ商品開発を推進し、製品やコンテンツを生成することで、顧客との関係を強化す

ることができるようになると思われます。

　他方、生成ＡＩにより、新聞社や雑誌社などでは、記事を迅速に生成して担当者の労働力を節約し、またデザインや製品開発のプロセスを効率化することで生産性を向上させ、コストを削減することが可能となるでしょう。

(2)　ChatGPT がもたらす雇用への影響

　ＡＩは人間のように思考はできないものの、ある程度手順の決まった作業の自動化・高速化はずば抜けており、そのため、仕事の内容によって影響の濃淡がでてきています。特にプログラミングや文章作成などのスキル業務は極めて影響を受けやすく、ある実験では、プレスリリースや短いレポートの作成、メールの下書き作成、分析プランの作成などのオフィス業務につき、被験者が ChatGPT を利用した場合、割り当て分業を 17 分で完成できたのに対して、ChatGPT なしの場合、27 分と約 2 倍の時間がかかっており、しかも ChatGPT を利用した被験者の仕事の質、満足度が大幅に向上することも明らかとなっています。

　ChatGPT は、主として事務労働に従事するホワイトカラー労働者の雇用を直撃する可能性があり、米 IBM 社の経営者は「向こう 5 年間で、オフィス、事務サポート、法務、エンジニアなどの 30% がＡＩに取って代わられるだろう」と述べています。他方、織物工、料理人、修理工、アスリートなど身体活動を主とする職種では、それほど影響がでないとしています。

　19 世紀に英国の織物工の間で起きた、自動化に抗議する「ラッダイト」（＝機械を破壊する運動）を想起するとき、歴史の皮肉を感じざるを得ません。ちなみにラッダイトは、自動化そのものではなく、「誰が」自動化を管理するか（使用者か、労働者か？）をめぐるものだったのであり、ＡＩをめぐる今後の議論への示唆を与えるものとなるのではないでしょうか。

3　「新しい」働き方の広がり

　ところでコロナ禍によって、テレワーク、副業や兼業が増加すると共に、インターネットを中心とした社会全体のDX化の中で、いわゆるギグワークなどの「新しい」働き方が急速に広がり、それに伴って働き方の形態として、「雇用」だけではなく、「フリーランス」と呼ばれる「雇用によらない」もしくは「雇用類似」の働き方が急速に広がり、しかもこれらの人々は従来労働法の保護が及ばないとされてきたことから、今日大きく社会問題となっています。

　このような変化は、新しい働き方に踏み出した労働者本人のみならず、企業や社会のあり方までも不可逆的な変化を引き起こしつつあるとさえ言えます。

　そこで本書では、急速に進展するデジタル化とそれに伴う雇用構造の変化（＝「新常態」）について、「雇用形態」の変化を中心に述べていくことにしますが、まず、私たちの社会では、今日迄どのような人々が職場の労使関係の当事者である「労働者」とされ、労働基準法（以下、「労基法」と表記）、労働組合法（以下、「労組法」と表記）の保護適用対象とされてきたのかをみていくことにしましょう。

コロナ・デジタル化社会の雇用

デジタル化社会が喧伝される中で、コロナ禍が明らかにした、いわゆる「エッセンシャルワーク」が改めて注目を集めていますが、どのようなものだったのでしょう？

A 現在、コロナ・デジタル化社会は、いわば同時並行的に進行し、社会のさまざまな局面で現れていますが、コロナに関係しては、医療、福祉、保健などの「エッセンシャルワーク」といわれる分野、デジタル化の進展では、ICT、情報通信などのインフラ分野に注目する必要があるでしょう。

•••解説•••

1　コロナ禍とエッセンシャルワーク

　2019年に始まり、翌2020年初頭に日本にも入り込んだ新型コロナウイルス（COVID-19）の感染は、その初期段階から、世界各地で「エッセンシャルワークの再評価」を呼び起こし、わが国ではやがてこの語は、コロナ・パンデミックの深刻化と共に、その年の流行語大賞候補に選ばれ、「時の語」として脚光を浴びることになります。

　定義どおり翻訳すると「必要労働」とされる「エッセンシャルワーク」と訳されますが、その意味からすると、「社会的必要労働」を当てるのが適切でしょう。コロナ・パンデミックや自然災害、不慮の大事故等において、緊急に必要となる救急救命、医療、看護、保健、飲食物の調達・配布、衛生管理、急患・被災被害者への救援、公共交通、運輸、消防、警察などの仕事がエッセンシャルワークの代表的事例と言えるでしょう。言い換えると、平常時には格別に目立った労働とまでは言えないにしても、ウイルス感染症のパンデミック、大地震、津波、台風などの非常事態などに際して（わが国ではこの間、1995年阪神大

震災や 2011 年東日本大震災をはじめ、度重なる自然危害に見舞われている）、その供給が追いつかず、需給ギャップが多数の人命を脅かすに至るほどの重要な労働、職務を意味しているのです。言うまでもなく、これらの労働、とりわけ医療、看護、保健、ケア等は、パンデミック以前から、人々の日常生活を担う重要な仕事として認められ、いわばノーマルな仕事に属するものであり、改めて「社会的必要労働」の名で特別視されなければならない労働・労働者というわけではなかったにもかかわらず、これらのいわばエッセンシャルワーク、ワーカーの人々が脚光を浴びることになったのは、それなりの理由があるのです。

2　エッセンシャルワークとブルシットジョブ

　その再評価に共感・同調し、世論の大勢がこれまでにない社会的関心を振り向けるようになったのには、それなりの理由がありました。その最大の理由は、先述したとおり、コロナ・パンデミック時におけるエッセンシャルワークの欠如、不足が、多数の人々の生死に直結する切迫性を持っていたことです。その意味では、一昔前の「金だけ、今だけ、俺だけ」に代表される新自由主義のスローガンとは異なるものといえるでしょう。

　それに加えて、エッセンシャルワークのいわば対極に位置付けられるいわゆる「ブルシットジョブ（クソどうでもいい仕事）」が、コロナ禍と正に同時期に世界的に人々の関心を集めていたことです。ブルシットジョブは、必要もなければ役にも立たない、無恥、無益、無駄な仕事、さらには不要どころか有害かつ脱法とされる仕事を指し、日本では、例えば統一教会の霊感商法（オウム真理教と同様）、カジノ、貧乏ビジネス、ネット上のフェイク、ヘイト報道、なりすまし詐欺（オレオレ詐欺）などが、これに該当すると言えるでしょう。ちなみにブルシットジョブ bullshit job の語源は、20 世紀に入り、アメリカで作られたスラングで、デタラメ、馬鹿馬鹿しい、たわいもないなどの意味も有しており、デビット・グレーバー『ブルシットジョブ──クソどうで

もいい仕事の理論』（酒井隆史他訳、2020 年岩波書店、原著 2018 年）なお、翻訳者の酒井氏は、自著『ブルシットジョブの謎──クソどうでもいい仕事はなぜ増えるのか』（講談社現代新書、2021 年）で、グレーバーがブルシットジョブを論じた趣旨について、「他者や社会への貢献度が高ければ高いほど報酬が低く、逆に貢献度が低ければ低いほど報酬が高くなる」という、いわば仕事と報酬の「逆説」を問題視する点にあったとしており、その意味では上述に例示されたブルシットジョブは、コロナ禍におけるエッセンシャルワークとは対照的な仕事として位置付けられると言えるでしょう。

　日本の社会で、我々がしばしば口の端にのせる「３K労働」は、この意味ではエッセンシャルワークの一環を表すものであり、コロナ禍の中で「私たちは、この社会を本当に維持している労働とは何かを知ることができた」と言えるのではないでしょうか。

Q3　デジタル化 (DX) 社会

近年、DX 時代の到達と共にメタバース（仮想空間）とか、VR（仮想現実）などという言語が急速に広がっていますが、私たちの雇用環境にはどのような影響があるのでしょうか？　新たな働き方を考えるとき、人手不足であれば、外国人を入れたら？とか、子どもをもっと産んでもらったら？メタバースを使ったら？　というような意見がありますが、労働力がアバターにとって変わることはこの先あるのでしょうか？その場合どの様なことを検討しておかなければならないのでしょうか？

A　DX 時代の到来が叫ばれています。特にその中でもメタバースが私たちの生活により大きな影響を与えるものとして活用されているのは、実はビジネスや労働の世界との関わりです。メタバースは、インターネット上で自由にさまざまな商品やサービスを生み出すものであり、コロナ禍によってリモートワークが広がる中で、企業は仮想空間で働くことのできる「メタバースオフィス」を作り、採用活動などさまざまな利用に広げてきています。

••• 解 説 •••

1　メタバースとは

⑴メタバース・仮想現実（VR）

　メタバースは、インターネット上に構築された現実とは異なる3次元の「仮想空間」のことで、「メタ」(meta,「超越」又は「高次」)と「バース」(universe,「宇宙」)を組み合わせた造語です。メタバースの仮想空間は、コンピューターグラフィックス（CG）で制作され、CG を制作する「技術」のことを一般に VR（ヴァーチャル・リアリティ）と呼

んでいます。メタバースはVRの技術を使って生み出された仮想「空間」であり、メタバースとVRは「仮想空間」のいわばソフト（空間）とハード（技術）の関係にあるのです。

アバター（avatar）は、「分身」を意味し、利用者が仮想空間の中で専用ゴーグルなどのVR機器を用いて、アバターを駆使してゲームをしたり、登場する動物の住民と遊んだり、SNSで他のユーザーとコミュニケーションを行ったりする際に利用するキャラクターであり、これによってまるでユーザー自身が仮想空間の中にいる感覚になるのです。

(2)　メタバース利用の広がり

メタバースは、コロナ禍の中で、対面でのコミュニケーションが難しくなっていたことから、ゲームやSNSのみならずショッピング（店舗）などにも広がり（例えばオンラインを通して遠くにいる友人や家族と一緒にバーチャル店舗で買い物を楽しむ）、更に近年はオンライン会議、社員研修、トレーニング等でも活用されるようになってきています。アメリカのIT企業フェイスブック社が、社名を「メタ meta」に変更したのは、このようなトレンドの象徴的出来事といえます。

(3)　メタバースとビジネス・労働

メタバースが私たちの生活に、より大きな影響を与えるものとして活用されているのは、実はビジネスや、労働の世界との関わりです。メタバースはインターネット上で自由にさまざまな商品やサービスを生み出すものであり、ビジネスについてみると「ビル」や「土地」、更には「お金」を作ることさえ可能とされます。既にそのようなビジネスが登場しており、日本でも例えば仮想空間の上に、見学可能な「メタバース住宅展示場」やショッピングモール、広告掲示板などが登場しています（これらの「商品」は、誰でもインターネットで検索できます）。

メタバース世界は、私たちの想像を超えるスピードで広がっているにもかかわらず（5年後の2028年にはメタバース市場は約100兆円、20年の2倍になると予想されています。2022年5月25日付日経新聞）、私たちの

生活とりわけ働く者にとってどのような影響が出てくるのかの議論はこれからなのです（2021年7月経産省は、企業がメタバースに参入する際の法的リスクについて報告書を作成していますが、具体的解決等は示されておらず、労働者に関わりのある厚労省は検討すらしていません）。

2　メタバースでの「就活」

　メタバースの採用活動での具体例は、バーチャル空間を活用して、オンラインで求職者を対象に、会社見学から入社後の研修などさまざまな活動を包括的に行うことができるようにするもので、企業は自社内にメタバースを構築し、二次元の閲覧用コンテンツを用いて、スライドや動画などで、空間内での会社説明会や採用イベントなどをライブ型で開催し、それに対して求職者はメタバースに入場して、アバターとして空間内を自由に動き回りながら、随所に置かれた社員の顔写真入りのアバターに近づくと、事前に録音した社員の雑談が聞こえる仕掛けになっており、会社情報を閲覧できるようにするのです。

　しかもこのようなメタバースオフィスは二次元であることから、利用者はVRゴーグルなどの機器を用いることなくコンテンツにアクセスでき、空間内でアバター同士が会話をすることができるライブ型イベントに参加した場合には、企業の担当者とも気軽に話をすることができるというものです。既に2023年入社予定の学生らを対象とした内定式の会場に内定者がアバター（分身）で参加する方式で開く企業もあらわれています。

3　メタバース「就活」の問題点

　もっとも企業がこのように「就活」に際してメタバースを活用したプログラムを用意しても、求職側はほとんど利用していないのが現状であり、その理由として「メタバースが何かわからない」「Zoomなどでオンライン就活ができている」「使いづらい」等指摘されています。確かにテレワークの導入が進み、Web上での会議や打ち合わせが浸透

しつつあるだけに、一足飛びのメタバース空間での就職活動には、二の足を踏む傾向があるものの、数年後にはどのように変化していくのか注目しておきたいものです。

　ところで、2023 年もまた人手不足から売り手市場となっている就職戦線も既に終盤を迎えているようですが、他方では、労働条件の提示抜きに一方的に求職者に採用内定を通知したまま放置したり、内定式に出席してみたところ、当初示された求人票と異なり「業務委託契約」となっている等の求人票と異なる「ブラック企業」が横行しています（ブラック企業の「特徴」は「大量採用大量退職」（＝解雇）にある）。

　例えば、使用者が求人サイト上で、「月 46 万 1000 円から 53 万 8000 円及び賞与年 1 回（10 月）」等の情報を掲載しておきながら、採用内定通知書および労働契約書の中では、前記月給額の下限を下回る金額（月給総額 40 万円等）しか提示していなかったケースで、「使用者には契約締結の自由があるので、採用面接の内容を考慮した結果、求人情報と異なる条件を内容とする採用内定通知書を交付することもあり得る」との裁判例（プロバンク（抗告）事件・東京高決令 4.7.14 労判 1279 号 54 号）などは、むしろ使用者の契約締結上の過失（不法行為責任）を問い得たケースと言えるでしょう。

契約社員の雇止め

(1)　Aさんは契約社員として6か月毎に更新して4年間勤務していますが、今回、会社が経営が厳しいとして、契約更新せず期間満了による雇止めを通知してきましたが、納得できません。

(2)　Bさんは同じく契約社員で反復更新してきたところ、今回更新に際して、「契約更新をしますが、今回限り」という特約を結ばされましたが、次回以降更新が出来ないのでしょうか？

A　(1)　Aさんの場合、有期契約を多数回反復更新してきて、雇用継続に期待を持つ状況にあり、雇止めは「客観的で合理的な理由を欠いており」無効とされ（労契法19条）、従来とおりの条件で更新されることになります。

(2)　Bさんの場合、有期契約が複数回更新された後のいわゆる「不更新条項」について、判例は有効にする傾向にありますが、当事者の合意の認定は慎重にすべきでしょう。

••••解 説••••

1　雇止め法理（労契法19条）と「合理的期待」の有無

　有期労働契約では、使用者が労働契約期間満了時に、次の契約更新を拒絶して雇用を打ち切ることを「雇止め」と言いますが、従来多くの紛争となってきたことから、労契法では、労働者保護の観点から、一定の場合には、解雇と同様「雇止め」にも客観的な合理的理由と、社会通念上の相当性が必要としており、「雇止め法理」と呼ばれています（19条）。

　具体的には、①過去に反復更新されたもので、雇止めが無期労働契

約の解雇と社会通念上同視できると認められるもの（実質無期契約タイプ）、又は②労働者が更新を期待することについて合理的な理由があると認められるもの（期待保護タイプ）のいずれかです。

　本小問(1)で、Aさんは6か月毎に更新して4年間勤務しており、②の「期待保護タイプ」に該当しており、業務それ自体に恒常性があり、しかも4年間に亘り勤務しており、これらの事情からは、会社が「コロナ禍で経営が厳しい」というだけでは、雇止めについて「客観的に合理的な理由」があるとは言えず、Aさんについて代替業務や配転の可能正等を検討すべきであり、そのような検討なくして雇止めした場合には無効とされることになるでしょう。

2　不更新通告、条項の効力

(1)　労契法19条の適用

　大抵の有期契約は、契約書に契約満了時の更新は行わないとの「不更新条項」や、今後の更新限度回数や年度を定める「更新限度条項」など（以下「不更新条項」という）が挿入されたり、あるいは労働者が使用者から不更新の通告を受けたりすることがあり、これらの法的効力が問題となります。即ち、これらの条項や通告によって、労契法19条の適用がなくなるのか否かが争われることになります。

(2)　不更新通告

　有期労働契約の反復更新などにより、労働者が契約更新への合理的期待を有するに至り、労契法19条の適用可能性を生じた場合には、使用者が更新に際して更新回数を限定したり、その更新を最後とする旨の通知をしても、それは単なる「雇止めの予告」にすぎず、雇止めの効力は認められないものとされ（平24.8.10基発0810第2号）、更新拒否は無効とされています（学校法人立教女学院事件・東京地判平20.12.25労判981号63頁）。

(3)　不更新条項（＝合意）

　そこで(2)の不更新通告の無効を回避するため、使用者はあらかじめ

労働者との間で「不更新条項」を結ぶようになってきました。

　例えば採用時若しくは更新時に、更新回数の上限（不更新条項）が契約上明記され、労働者もそれを認識して契約を締結・更新していた事案などでは、契約更新の期待の合理性が否定されています（北海道大学（契約職員雇止め）事件・札幌高判平26．2.20労判1099号78頁〔更新限度3年。さらに1年不更新条項付きで更新〕、日本通運（川崎・雇止め）事件・東京高判令4．9.14労判1281号14頁〔期間1年・上限期間5年〕、国立大学法人東北大学（雇止め）事件・仙台高判令5．1.25労判1286号17頁〔期間1年・上限期間5年。それ以前から12年間勤務していた事案〕など）。

　他方、期待の合理性が肯定された事案としては、契約書に更新限度の記載がなく、説明も不明確・不十分であったり、労働者が異議を述べたり不本意ながら署名したケースがあります（学校法人立教女学院事件・東京地判平20.12.25労判981号63頁〔派遣職員として約3年勤務後1年の嘱託雇用契約を2回更新〕、京都新聞ＣＯＭ事件・京都地判平22．5.18労判1004号160頁〔親会社と事業会社とを通算して更新4回・4年11か月勤務ないし更新10回・7年9か月勤務〕、地方独立行政法人山口県立病院機構事件・山口地判令2．2.19労判1225号91頁〔1年契約等を更新し12年7か月勤務〕、博報堂（雇止め）事件・福岡地判令2．3.17労判1226号23頁〔1年契約を更新し30年勤務〕など）。

(4)　本問雇止めの効力

　この問題は結局、労働者の合理的期待の有無判断に帰着し、不更新条項は退職する旨の合意であり、有期契約においては、労働者が使用者から不更新条項付きの契約更新を提案された場合、それを拒否すれば、直ちに契約関係を終了する状況におかれ、労働者はいわば二者択一を迫られての契約締結であり、したがって更新の期待が認められたであろう労働者には著しい不利益を及ぼすことから、かかる「合意」には、少なくとも十分な説明のうえで、署名・捺印がなされるべきです。

　本小問(2)で、Ｂさんは契約更新に際して、「今回限り」という特約を

結んでおり、このような「合意」締結に際して、Bさんの業務が不要になる旨十分な説明がなされることが必要であり、このような説明がない場合には、雇止めは無効とされる可能性があります。

3　更新回数上限の書面明示義務

2023年3月30日労基則及び告示が改正されています（2024年4月1日施行）。不更新条項をめぐる紛争防止の一環として、上限について書面での明示、理由説明義務の定めがなされました。

①　初回契約締結に際して、契約期間または更新回数に上限がある場合、書面で明示すること（労基則5条新1号の2、3）。

②　契約後、更新条項を新たに定めたり、短縮する場合、労働者からの求めの有無にかかわらず、事前に、その理由を労働者に説明すること（令和5年厚労告114号新1条）。

不更新条項は退職する旨の合意であり、有期契約においては、労働者が使用者から不更新条項つきの契約更新を提案された場合、それを拒否すれば、直ちに契約関係を終了する状況におかれているわけであり、労働者としてはいわば、二者択一を迫られての契約締結であり、更新の期待が認められたであろう労働者には著しい不利益を及ぼすものであり、かかる「合意」には、少なくとも十分な説明と共に、相当な経済的補償がなされたうえで、署名・捺印がなされるべきです（その成立について、合意が「自由な意思に基づいてなされたもの」と認められるためには、合理的な理由が客観的に存在しなければならないとした、広島中央生協事件・最判平26.10.23労判1100号5頁、山梨県民信用組合事件・最判平28.2.19民集701巻2号123頁など）。

⑷　本件雇い止めの効力

本小問⑵で、Bさんは契約更新に際して、「今回限り」という特約を結んでおり、このような「合意」締結に際して、「経営が厳しい」ということでBさんの業務が不要になる旨、十分な説明と相当な経済的補填がなされることが必要であり、このような説明と補償がない場合に

は、「自由な意思」に基づく合意とは認定されず、したがって雇止めは無効とされる可能性があります。

Q5　フリーランスと受託業務の解約

　Aさんは、フリーランス（個人事業主）として、十数年にわたって取引会社の仕事の一部を業務受託して仕事をしてきましたが、今般のコロナ禍で、取引先の受注が激減したとして、
(1)　受託済みの仕事を解約されましたが、何とかならないのでしょうか？
(2)　今後の取引について解消された場合はどうでしょうか？

A　発注会社が、フリーランスに受託済みの仕事について、解約するには、原則として損害を賠償する必要があり、また労働契約と認定される場合には、解約自体が無効とされることがあり、さらに下請法の適用が問題となります。会社は未発注の仕事の解約は原則として許されますが、解約が制限されるなど種々の規制が問題となります。

・・・解説・・・

1　フリーランス

　フリーランス（free lance）は、一般に、特定の企業や組織に属することなく、ユーザー企業から請け負ったり委任（準委任）を受けた業務を行う契約形態（の人）の呼称を意味しており、他方個人事業主は税務上の所得区分を意味しており、株式会社などの法人を設立せず個人として事業所得を申告する人のことです（したがってフリーランスでも、法人を設立して税務申告をする人々は、税務上個人事業主ではないことになります）。もっとも大半のフリーランスは、税務上も個人事業主として申告しており、むしろ問題はユーザー企業との間の契約が、形式上請負又は委任（準）であっても（特に継続的関係の場合）、実態として

請負とみられる場合が多く、これらのフリーランスに対してどのような（具体的には労働法上の）法的保護を与えるかが喫緊の問題となっているのです。

　元来フリーランスは中世に、王や貴族たちによって戦争の際に傭兵として雇われた人々のうち、傭兵団から離れて（free）、戦闘に参加する槍騎兵（lancer）たちを指す言葉として用いられていましたが、近年のインターネット等の発達により、テレワークやクラウドワーク（インターネットを通じ、オン‐デマンドで仕事を受託し業務に従事する）フリーランスが急速に増加しています。

　フリーランスの典型形態としては、ユーザー企業と直接（または代理業者などを介して）、もしくはクラウドワーカーとして契約関係をもつことになり、契約は請負又は委任（準）の形態になります。フリーランスは、原則として小問(1)の場合、取引企業との間で仕事に関して請負又は委任（準）契約を結び、小問(2)の場合、クラウド事業者との間で仕事に関して請負又は委任（準）契約を結ぶことになり、それに加えて小問(1)に関しては労働法規等の適用が問題となり、小問(2)の場合、ユーザー企業との間で請負等の契約関係の存在が問題とされることになります（ **図表1** ）。

図表1 フリーランスの契約形態

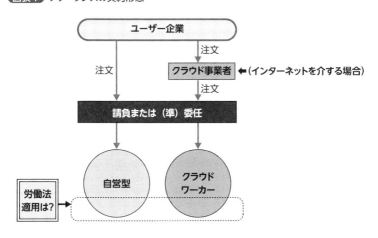

2　受託済み仕事のキャンセル

(1)　取引会社がフリーランスに発注済みの仕事を中途解約する場合

　まずは契約書条項に従うことになり、コロナ禍という外部的要因が発端とはいえ、売上げの激減を委託先であるフリーランスに一方的に転嫁することはできず、これに反する契約条項は（例えば一方的な解約や損害免責）、フリーランスに一方的に不利なものとして公序良俗に反し、無効とされるでしょう。

　契約書条項に中途解約に関する規定がなかったり、あいまいな場合には、民法上の一般原則に従うことになり、本件では、取引会社とフリーランスとの間の契約内容は、民法上請負（民法632条）又は（準）委任（643条、656条）とされ、前者の場合、仕事の完成を約するものであることから、注文者は仕事の完成前であれば、損害（仕事の完成によって請負人であるフリーランスが得られたはず利益等）を賠償していつでも中途解除でき（同法641条）、また、後者の場合も、委任者はいつでも中途解約は可能ですが、相手方に不利な時期に中途解約したときは、やむを得ない事由がない限り、損害（解除が不利益な時期であったことから生ずる損害）を賠償しなければならず（同法651条）、本件では売上げなどの激減は「やむを得ない事由」に該当せず、中途解約をする場合、Ａ社はフリーランスに対して損害賠償義務があります。

(2)　労働契約の該当性

　本件でフリーランスと会社の契約内容の実態が、労働契約と認定される場合、労働法上の保護が及ぶことになります。この場合、フリーランスが実態としてＡ社（使用者）の指揮命令の下で労働し、かつ、「賃金」を支払われていると認められるか否かによって決まり（労基法9条、労契法2条1項）、具体的には、①仕事の依頼、業務の指示等に対する諾否の自由の有無、②業務の内容および遂行方法に対する指揮命令の有無、③勤務場所・時間についての指定・管理の有無、④労務提供の代替可能性の有無、⑤報酬の労働対償性、⑥事業者性の有無（機械

や器具の所有や負担関係や報酬の額等)、⑦専属性の程度、⑧公租公課の負担(源泉徴収や社会保険料の控除の有無)の諸要素を総合的に考慮して判断され、労働法が適用される場合、中途解約は、労働契約上の解雇に相当し無効とされることになります(労契法16条「解雇は、客観的に合理的な理由を欠き、社会通念上相当であると認められない場合は、その権利を濫用したものとして、無効とする」)。このように「業務委託契約書」というタイトルの契約書を交わしていたというだけでは、「労働者」の該当性が否定されるわけではないことに留意する必要があります。

(3)　下請法の適用

　下請取引では、親事業者が、下請事業者よりも優位な立場を利用して、一方的な都合で下請代金の支払いを遅らせるなどして、下請事業者が不利な扱いを受けている場合が少なくないことから、下請代金支払遅延等防止法(以下、「下請法」といいます)は、下請事業者の利益を保護するため、親事業者の禁止行為を定めています(詳細について→公正取引委員会のウェブサイト参照。https://www.jftc.go.jp/shitauke/shitaukegaiyo/gaiyo.html)

　本件の取引が、下請法で規制される下請取引に該当する場合、下請事業者の責に帰すべき理由がないのに、下請事業者の給付の受領を拒むことは、「受領拒否」として禁止され(下請法4条1項1号。ただし「役務提供委託」は除く)、下請事業者の給付の全部または一部を納期に受け取らなかったり、納期を延期することまたは発注を取り消すことにより、発注時に定められた納期に下請事業者の給付の全部または一部を受け取らない場合も、原則として受領拒否に含まれるとされています(運用基準)。また委託済みの仕事をキャンセルすることは、「不当な給付内容の変更」(下請法4条2項4号。受領拒否と異なり、役務提供委託は除外されていません)にあたるとして、必要な費用を親事業者が負担するなどにより、下請事業者の利益を不当に害しないと認められる場合でない限り、下請法違反となります。

　なお、新型コロナウイルスの感染拡大を受けて、経済産業省は、2020

年3月10日、納期遅れへの対応、適正なコスト負担、迅速・柔軟な支払いの実施、発注の取消し・変更への対応について「一層の配慮」をするように親事業者に要請を出しています。

　これを受けて同年4月28日、公正取引委員会は中小企業庁と連名で、下請取引の適正化に向けたガイドラインを発しています（「**新型コロナウイルス感染拡大に関する下請取引Q&A**」）。

3　今後の取引解消

(1)　取引解消の法的責任

　今後の取引解消は、発注者もしくは委託主である取引会社の自由であり、原則として法的責任は発生しません。しかしながら本件のように十数年業務委託する等相当程度の期間、継続して同種の取引を行っている場合には、継続的契約の解消には、契約上の信義則として「やむを得ない事由」や「一定の補償」もしくは「一定の予告期間の付与」等が求められる場合があります。

　本件の場合、取引会社の解約には一定の補償や一定の予告期間の付与がなければ、中途解約や更新拒絶が違法であるとして、無効になったり損害賠償の対象になったりすることはあり得ます。

(2)　「優越的地位の濫用」にあたる場合

　また今後の取引を一方的に解消することは、独占禁止法上禁止される「優越的地位の濫用」（自己の取引上の地位が相手方に優越している一方の当事者が、取引の相手方に対し、その地位を利用して、正常な商慣習に照らし不当に不利益を与える行為）に該当する可能性があります。

(3)　労働契約にあたる場合

　本件の取引の実態からみて、労働契約と認定される場合には、前述したとおり今後の取引解消は、労働契約上の解雇に相当し無効とされることがあります。

第2章

労使関係の当事者

Q1 労働法の適用

雇用形態が多様化している中で、労働法が適用されるのはどのような場合でしょうか？

A 労働基準法等の諸法規は、契約の形式にとらわれず、労働関係の実態に則して判断され適用されます。近年インターネットの普及、クラウドソーシング、テレワークなどにより、個人請負・委託など、いわゆる雇用類似の働き方が広がっており、労使関係が複雑化しており、改めて労働関係の「当事者」の範囲が問題とされています。

•••**解説**•••

1　働き方の「多様化」と労働法

(1)　会社に所属しないで働く人の増加

今日私たちが社会で働くということは、通常、学校を卒業して会社に就職して上司の指示の下に仕事をすること意味しますが（＝雇用者）、それに加えて、従来から農業や小売業などの家業を継いで、家族従事者として働いたり、自ら事業を興して自営業を営む場合があります。

我が国の場合、就業者は、今日約6700万人（2021年6月現在6692万人）いますが、そのうち前者である雇用者（＝労働者）は約5980万人と就業者の大半（約9割）を占め、後者の自営や家族従事者である非雇用者は残りの約1割（673万人）を占めています。

特に自営業者や家事従事者は、農村業等に従事する人々の減少に伴って減少の一途をたどっていましたが、近年このような人々の中で、仕事の形態に変化が生じるようになってきました。例えば、社会のサービス化の進展の中で急速に普及した、コンビニエンスストアの

オーナー店長や、デジタル・ICT 化や AI・クラウドソーシング等の進展により、ウーバーイーツ配達員に代表される個人請負業者等のフリーランスや、インターネットを通して仕事を請け負うクラウドワーカーのように、会社に就職しないで仕事をする人が急速に増加しています。

(2)　雇用類似の働き方

　このように同じ「個人として働く者（＝就業者）」について、会社に所属して仕事をする者（＝雇用者）、会社に所属しないで働く者（＝非雇用者）に対する法適用をめぐっては、従来は、前者に対しては労働法（労基法、労組法等）が適用され、後者に対しては労働法が適用されないものとすることに、理論的にも実践的にも概ね異論なく受け入れられ、個別具体的事案についての法適用をめぐっての争いであったのです。即ち、労働法上の「当事者」（＝「労働者性」）の範囲には、概ね争いはなく、個別事案ごとのあてはめ（例えば映画撮影技師は労災保険法上の労働者か？ など）が争いとなっていたのです。

　しかしながら今日そもそもこのような、会社に所属して仕事をする者（＝労働者）と、それ以外の者（＝非労働者）とに区別し、前者のみに労働法を適用することが妥当なのかが問題とされるようになってきています。

(3)　労働者の「非労働者化」の進展

　近年の我が国における雇用社会の変容の特徴は、雇用形態の著しい変化であり、その中でも労働者の「非正規化」のみならず「非労働者化」が進展していることです。従来から我が国の企業では、正社員や本工と呼ばれる正規労働者の外に、パートタイム、アルバイト、嘱託、契約社員、派遣労働者や、下請企業に雇用され、発注企業の社内で使用される労働者（＝社外工）、労働者としての実態を持ちながら請負の形態で労務を提供する者（個人請負）など、さまざまな呼称、雇用形態で働く非正規労働者が重要な地位を占めてきていました。このような労働者は、1990 年代には労働者全体の 2 割であったものが、現在では

約4割に達しており、その原因として、グローバル競争の中で近年強化されてきた雇用の流動化政策の下、主として企業側の要請に基づき、いわゆる安上がりで雇用調整しやすい非正規労働者を多用してきたところに求めることができます。

　さらには前述したとおり、今日多くの企業においては、技術革新や合理化に伴い多数の下請労働が使用されており、また経営上のリスクを分散して現代型リストラを推進するために、数次に亘る請負関係、リース、ジョイントベンジャー等が採用され、労働者のいわば「非労働者化」が推し進められており、それに加えて今日ではIT革命の進展により、テレワークやアウトソーシングにより、個人請負・委任という形式で、専属的に登録先会社に使用される、自宅勤務者やフリーランスの独立自営業者が多数存在するようになってきており、労使関係は一層複雑多様化しているのです。

(4)　労働法の保護範囲の拡張という視点（経済的従属性）

　その結果として、インターネットを通して仕事を請け負うクラウドワーカーに代表されるように、雇用主からの指揮命令や人的従属性を受けない人々（いわゆる雇用類似の働き方）に対応した法規制のあり方が問われているのです。具体的には労働法の「当事者」概念、すなわち従来の「雇用主」の指揮命令や人的従属を柱に据えた労働法の保護範囲を、経済的従属性を含めたものまで拡張するか否かが問われており、近年の裁判例や労働委員会の命令で、「使用者」や「労働者」か否かが問題となっているのは、このような背景に基づくものなのです（例えばコンビニエンスストアのオーナーや、ウーバーイーツ配達員の労働者性など）。そこで以下には、就業者をめぐる法適用状況を概観してみましょう。

2　就業者と雇用・請負・委任

　就業者が、他の人（通常は企業）に対して労務を提供している場合、まずその労務提供契約がいかなるものであるかということを決めなけ

ればなりません。これを考えるに際してのヒントは、伝統的には市民社会の基本法である民法に求められてきており、民法はこのような契約類型について、①雇用、②請負、③委任の３つの典型契約を規定しています。①雇用は、労務提供者（＝労働者）の労務提供そのものが目的とされ、労務受領者（＝使用者）の支配（＝指揮命令）の下に労務の提供を行うものであり、②請負は、労務提供者の労務提供の結果（＝仕事の完成）が目的とされ、労務提供それ自体はそもそも問題とされず、③委任は、労務提供者が自主的な判断（裁量）によって、自らの支配の下に労務提供を行うもの、とされています（民法623条・632条・643条）。これらの例として、①では会社で働く従業員、②では工事の請負業者、③では自営の医者や弁護士などをあげることができます（図表2）。

図表2 就業者と法適用

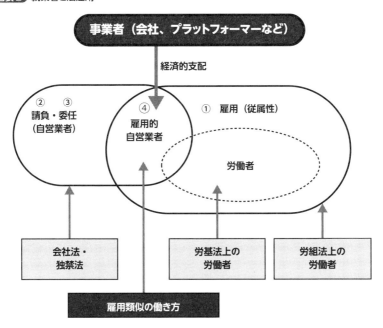

ところが近年①〜③に加えて、④「雇用的自営業」ともいうべき類型の仕事形態が多数出現するようになってきており、前述したコンビ

ニエンスストアやクラウドワーカーなどがその代表例というべきもの
であり、これらは事業者との契約形態は、法形式的に請負や委任であ
るものの、経済的には、事業者（会社やプラットフォーマー）などに深
く従属しており、その結果として、これらの雇用者に対する労働法適
用の可否が争われるようになってきたのです。特に近時のコンビニエ
ンスストアのオーナーや、ウーバーイーツユニオンに関する労働者性
をめぐる争いは、耳目に新しいといえます。

　わが国では、長年用いられてきた「メンバーシップ型」（終身雇用や
年功序列が中心）雇用に加えて、近年「ジョブ型」（職務や職務地が特定
され、テレワークやリモートワークに親和的）や、DX の進展に伴って、
Uber Eats や IT 企業のシステム開発などのいわゆるタスク型（細かい
業務毎に外部に発注）雇用が急速に広がっており、現在これらが混在し
ている状態といえます。

　このような新しい法現象に対しては、労働法の分野でも、今日まで
の裁判例や決定例では、労組法上の労働者概念を労基法上のそれより
も拡張して、雇用的自営業者の一部について労組法を適用して救済を
図るようになってきており、他方それ以外の事業者については、独占
禁止法上等の救済を図る動きがでています。さらにそれに加えて今日
ではより抜本的に、これらの「雇用的自営業者」について「雇用類似
の働き方」として労働法の当事者の概念の拡張の可否が論じられてい
るのです（→第5章 Q6 参照）。

Q2 労働基準法等の適用範囲

労働基準法の適用範囲はどのようなものですか？

A 労働基準法は、原則として民間の全ての「事業又は事務所」の全労働者に適用されており、官公庁、公務員にも原則として適用されますが、大幅に適用除外があります。

・・・解説・・・

1　労働基準法の適用範囲

(1)　全産業の労働者

労働者保護法の中核をなす労働基準法は、憲法27条2項に基づいて労働者に人たるに値する生活を営むための必要を充たすべき労働条件を保障するものであることから（労基法1条）、適用対象も全産業を網羅するものとされています（当初8条で17号業種を列挙していましたが、現在では労働時間制の適用に必要とされる事業の分類について別表1で記載しています）。したがって同法は原則として全ての民間「事業」（9条「事業又は事務所」）の全労働者に適用され、また独立行政法人の職員も公務員の身分をもたないことから全面適用されています（ちなみに行政執行法人である国立公文書館、造幣局等7法人に勤務する一般職国家公務員にも適用されます。行政執行法人の労働関係に関する法律37条1項1号）。

(2)　船員法などは除外

なお、労基法は船員法が適用される一部の船員並びに同居の親族のみを使用する事業と家事使用人は適用除外とされています（116条）。もっとも、同居の親族は使用従属性があるとして、労基法（労災保険法）上の労働者と判断された、**甲府労基署長事件・甲府地判平22.1.22労判1001号19頁**があります（→第10章Q4参照）。

(3) 「事業」の判断基準は？

労基法の適用単位である「事業」の判断基準は、労働の実態に基づいて決定されるものですが、行政解釈では概ね次の基準によって取り扱われています。

「事業の種類によって、(労基法) 第4章、第6章の適用に区別があるので、経営上は同一事業の中にあっても、労働の実態が全く異なる場合で、場所、建物、会計等によって一応独立性があり別種の事業と認められる場合には、同一の事業を各号に分けて本法を適用して差し支えないが、個々の労働者の業務によって分類することは認めない」(昭22.9.13 発基 17 号、昭 23.5.20 基発 799 号)。

したがって例えば企業が、同一場所で店舗と附属診療所を設置している場合、それは別の事業所とみなされ、反対に店舗が分散していても同一とみなされることがあります。

2　官公庁・公務員への適用除外

労基法は、原則として官公庁の職員である公務員にも適用されますが (112 条「この法律及びこの法律に基づいて発する命令は、国・都道府県・市町村その他これに準ずべきものについても適用するものとする」)、以下のとおり大きな例外があります。

(1) 非現業国家公務員は適用除外

非現業国家公務員には適用除外され、これらの職員は国家公務員法や人事院規則等に矛盾しない範囲で労基法が「準用」されるにすぎません (国家公務員法附則 16 条、国家公務員法 3 条)。

(2) 地方公務員は原則適用

地方公務員は一部の規定 (労使協定や就業規則に関する条項、(地方公務員法 58 条 3 項)) を除き、労基法が原則適用され、地方公営企業勤務の地方公務員や単純単務職員は、一部の規定 (職員の任用 (地方公務員法 14 条)) を除き、ほぼ全面的に適用されます。

(3)　労契法は全ての公務員を適用除外

　ちなみに労契法は全ての国家・地方公務員を適用除外としており（21条1項）、またハラスメントに関する事業主の措置義務に関する規定（均等法11条、労働施策総合推進法30条の2、3）は、一般職国家公務員の場合、適用除外されています。

3　労安法、最賃法、賃確法等の他の法律

(1)　労災保険法、労契法は適用

　労働安全衛生法、最低賃金法、賃金支払確保法は、それらの法律でいう「労働者」が労基法のそれと同一であることを明記しており（労安法2条2項、最賃法2条1号、賃確法2条2項）、また労災保険法上の「労働者」も労基法の「労働者」と同一とするのが判例（横浜南労基署長（旭紙業）事件・東京高判平6.11.24労判714号16頁など）であり、労契法も同様に解されています。

(2)　健康保険法や雇用保険法などは労基法よりも広く解釈

　健康保険法や厚生年金保険法の被保険者については、「使用される者」という表現が用いられていることから（健保法3条1項、厚年法9、10条）、その範囲は労基法上の「労働者」と概ね重なり合いますが、実務上は、労働者ではない法人の代表者や業務執行者にも被保険者資格が認められています。

　更に雇用保険法は「適用事業所に雇用される労働者」を被保険者と規定しています（4条1項）。失業者の生活保障を主たる目的とする同法の趣旨からして、それは労基法上の「労働者」より広く、事業主の支配下で労務を提供して対価を得ることによって生計を維持する者を意味すると解されます（日本インシュアランスサービス事件・福岡高判平25.2.28判時2214号111頁）。

　このように、個別的労働関係法上の「労働者」は、労基法上の「労働者」概念を中核とするとはいえ、それぞれの法領域の具体的な法目的に応じてその範囲を異にするのです。

Q3 労働基準法と労働組合法の「労働者」

労働基準法と労働組合法上の「労働者」の範囲に違いはあるのでしょうか？

A 個別的労働関係に適用される労働基準法、労働契約法、労働者災害補償保険法等の「労働者」と、集団的労働関係に適用される労働組合法上の「労働者」とでは、その範囲に違いがあります。

•••解説•••

1 雇用契約と労働契約

　民法が規定する雇用契約（623条）は、近現代の資本制社会においては、使用者の生産手段に対する私的所有権及びこれから派生する指揮命令権への労働者の「従属」を作り出し、これに対して労働者は労働条件の向上を求めてさまざまな運動（＝労働運動）を行ってきており、このような背景の中から「労働法」という法体系が生み出されてきました。実用法学としての労働法は、このような労務提供に関しての「従属関係」に着目し、「労働契約」という概念を生み出しているのです。

　このように「労働契約」は、民法上の雇用契約を労働法の観点から把握した概念であり、労働契約法も、労働契約は「労働者が使用者に使用されて労働し、使用者がこれに対して賃金を支払うこと」について労使が「合意することによって成立する」（6条）と規定し、民法の規定（「雇用は、当事者の一方が相手方に対して労働に従事することを約し、相手方がこれに対してその報酬を与えることを約することによって、その効力を生ずる」、623条）と類似の表現を用いており、この意味では労働法における労働契約は、民法に規定する雇用の特則としての性質を有しているといえましょう。

2　労基法・労組法上の「労働者」

(1)　個別的労使関係における「労働者」

　従来わが国では労働関係の「当事者」である「労働者」は統一的に把握すべきものとされてきていましたが、現在では、労基法・労契法上の労働者と労組法上の労働者を別個の概念として把握する立場が定着してきており、本書でもこのような立場を前提としています。即ち個別的労使関係は「当事者」について、労働基準法は「職業の種類を問わず、事業又は事務所に使用される者で、賃金を支払われる者」（9条）、労契法は「使用者に使用されて労働し、賃金を支払われる者」（2条）と規定し、判例・通説では、これらの規定は個別的労使関係全般に適用される諸法規（最賃法、労災保険法、労安法など）の「労働者」と同一のものと理解されています。

(2)　労組法上の「労働者」

　他方労組法は「職業の種類を問わず、賃金、給料その他これに準ずる収入によって生活する者」と定義されており（3条）、労基法と違って「使用される者」という要件を課していません。したがって労組法上の「労働者」は、一般に労基法が適用される「労働者」よりも範囲が広いものと理解されており、その結果労基法上の「労働者」には該当しないものの、労組法上の「労働者」に該当する者が出てくることになるのです（図表3）。

　このように労組法上の「労働者」（その反対概念としての「使用者」）は、団結活動の保護や団体交渉の促進助成という労組法の趣旨に沿って定まってくることになります。

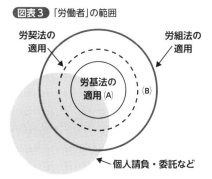

図表3　「労働者」の範囲

労契法の適用　　労組法の適用

労基法の適用 (A)　(B)

個人請負・委託など

3　フリーランスに広がる法的保護

　フリーランス（政府統計では、2020年時点で約462万人）の中では、実態は雇用であるのに形式上業務委託とされ、事故などの補償が受けられない、いわば「名ばかりフリーランス」が広がっており、これに対してフリーランス保護法（2023年5月公布。24年11月迄に施行）は、フリーランスと取引をする「特定業務委託事業者」に対して、フリーランスに帰責事由のない給付の受領拒否や報酬減額、返品などの行為を規制をすると共に、上記事業者に対して、フリーランスへの育児介護の配慮やハラスメント防止を義務付けるもので、労働法令の規制に類似した規制がフリーランスにも及ぶこととされています。

　他方労働時間、最低賃金の規制、労働災害に対する補償、解雇・雇止め制限などに類する規制がなく、そのため、「労働者」に近似した就労形態をとるフリーランスについて、労働法規制の実質的な潜脱となる事態を防ぎ、労働法制による保護をもたらす必要性はなお大きく存在するといえます。

　そのような中で、22年11月東京都労委は、「ウーバーイーツ」の食事宅配を請負う配達員を労働者と認め、労組を結成して団体交渉を命ずる初の判断をしています。

　さらに今年9月にはアマゾンの配達を請負う運送会社と業務委託契約を結んで配達業務に従事していた男性が、疲労から階段の2階部分から足を滑らせて転落し、腰の骨を折る重傷を負ったケースで、労災認定されており（アマゾンの配達を扱うフリーランスとしては初）、フリーランスへの法的保護が徐々に広がっているのです（→ 第5章Q6など）。

Q4 労働基準法適用の判断基準

労働基準法や労働契約法などの個別的労使関係に適用される際の「使用従属関係」の具体的な判断基準はどのようなものですか？

A 労務提供の態様や場所的・時間的拘束性・代替性・専属性などが重視され、判例は各事例にこうした基準をあてはめて「労働者」か否かを判断してきています。

••• 解 説 •••

1　労基法・労契法等適用の判断基準

「労働者」について、労基法では、「事業又は事務所に使用される者で、賃金を支払われている者」（9条）、労契法では「使用者に使用されて労働し、賃金を支払われる者」（2条）と規定されているが、抽象的な概念であることから、その明確化は法解釈に委ねられ、実務上は「使用され」という表現に着目して、労務提供者と使用者の「使用従属関係」の有無（いわゆる人的従属性）を主たる基準とし、その他の要素も付随的要素を加味して判断してきています。

「使用される者」「使用されて労働」とされる典型は、仕事依頼に対する諾否の自由がなく、業務の内容や遂行の仕方について他者からの指揮命令を受け、勤務の場所や時間が規律され、業務遂行を他人に代替させえないといった事実が実態として認められる場合であり、また、報酬が賃金といえるか否かは、これらの事情に加えて、額、計算方法、支払形態において従業員の賃金との同質性等が問題とされることになります（その際源泉徴収の有無や保険料徴収の有無も考慮される）。すなわち、当該企業の業務に専属的に従事しているとしても、自己の資本と計算において事業を営む者としての要素（設備機械の所有、器具・経費の

45

負担、剰余金の取得、危険や責任の引受など）が強ければ、労働者とは認められない可能性が高くなり、これに対して、そのような要素が弱くなれば、労働者と認められる可能性が強くなるというわけです。

2　判断基準（労働基準法研究会報告）

　そこで、「使用従属関係」の判断要素として、従来の判例や通達等を整理した、1985（昭和 60）年の労働基準法研究会報告は、「労働者」性の判断要素を大略以下に述べるように一般的な形で示しており、現在でも参考になります。

労働基準法研究会報告会（労働基準法の「労働者」の判断基準について）
（昭和 60 年 12 月 19 日）（抄）

⑴「使用従属性」に関する判断基準
　①「指揮監督下の労働」に関する判断基準
　　ア　仕事の依頼、業務従事の指示などに対する諾否自由の有無
　　イ　会社による業務の具体的内容及び遂行方法に関する指示の有無、業務の
　　　　進捗状況にさいして本人からの報告等により把握・管理している事実の有
　　　　無
　　ウ　勤務時間に関する定めの有無、本人の自主管理及び報告による「使用
　　　　者」の管理の有無
　　エ　当該業務に従事することについての代替性の有無
　②報酬の労務対償性の有無
⑵「労働者」性の判断を補強する要素
　①事業主性の有無
　　ア　自宅に設置する機械、器具等の規模や所有関係
　　イ　報酬の額（正規従業員と比較して著しく高額か否か）
　②専属性の程度
　　ア　他社の業務に従事することの制約性、困難性
　　イ　報酬の生活保障的要素の有無（固定給部分の有無等）

　このように労働（雇用）契約が請負・委任契約と区別される決定的
な要素は、上述したとおり、当該労務提供が他者（＝使用者）の指揮監
督の下になされているか（＝「従属的労働」）、あるいは自己の計算と責
任においてなされているか（＝「独立的労働」）、という点に求められる
ことになります。前者（労働契約）の場合には、当事者間に労働契約関
係が存するものとして、労基法等の労働諸法規が適用されることにな
り、後者（請負、委任など）の場合には、労働諸法規の適用はされない
ことになるのです。その判断基準としては、実務上一般に「使用従属
関係」の有無で決せられるものとされ、その要素として労務提供の態
様や場所的・時間的拘束性・代替性・専属性などが重視され、判例は
各事例にこうした基準をあてはめて、「労働者」か否かを判断してき
ていますが、総合判断の性格上、必ずしも統一的、安定的なものとは
なっていないのです。そこで以下に、会社役員などの経営に参画して
いる人々や「個人事業主」と称されるさまざまな労務提供者などにつ
いて、順次検討していくことにしましょう。

3　実務の傾向

　第3章以下では、会社役員などの経営に参画している人々や「個人
事業主」「フリーランス」などと称されるさまざまな労務提供者などに
ついて、順次検討していくことにしましょう。もっとも裁判所は、労
働者性を肯定するにせよ否定するにせよ、指揮命令関係の有無や、労
務提供者の時間的・場所的拘束性に過度に比重を置くことが多く（例
えばトラック持込の傭車運転手の労働者性が否定された、**横浜南労基署長（旭
紙業）事件・最一小判平 8.11.28 労判 714 号 14 頁**）、また労働者が支払う社
会保険や源泉徴収の有無など使用者が自由に操作できる要素に重要な
位置を与えるなどしており、結果的には「労働者の非労働者化」を促
すもので適当とは言えません。フリーランスや個人事業主の保護がめ
ざされるべきです（→ Q2 の 2 参照）。

Q5 労働組合法適用の判断基準

労働組合法などの集団的労使関係に適用される際の「使用従属関係」の具体的な判断基準はどのようなものですか？

A 基本的要素として、事業への組入れ、契約内容の一方的定型的内容、報酬の労働対価性などを重視しつつ、その他の要素も組み合わせて総合的に判断すべきものとされています。

・・・解説・・・

1　労組法適用の判断枠組み

　労組法は、労働者と使用者とが対等の立場に立って交渉することを実現すべく、労働組合の結成を擁護し、労働協約の締結のための団体交渉を助成することを目的としています。しかし、今日業務委託・独立自営業といった働き方をする人が加入する労働組合が、契約先に対して団体交渉を求めたところ、労働者ではないとして団体交渉を拒否され、紛争に至る事例が生じています。

　労組法で定義される「労働者」に該当するか否かについて判断が困難な事例が多い中で、確立した判断基準が存在しなかったこともあり、このような紛争を取り扱った労働委員会の命令と裁判所の判決で異なる結論が示され、法的安定性の点から問題となっていました。

　労組法上の労働者については、労基法とはかなり異なる判断の仕方をされています。一般に労組法上の労働者は、団体交渉が中心となることから、労基法や労契法上の労働者よりも広い概念と解釈されています。プロ野球選手会は、2004年にストライキを実行したこともあり、労組法上の労働者に認定されていますが、個々のプロ野球選手が労基法、労契法上の労働者かについては、意見が一致しておらず、どちらかというと否定的意見が多いと言えます。

2　最高裁三判決

　この労組法上の労働者について判断した重要な判例が、最高裁の三判決（新国立劇場運営財団事件・最三小判平 23.4.12 民集 65 巻 3 号 943 頁（合唱団員）、INAX メンテナンス事件・最三小判平 23.4.12 労判 1025 号 27 頁（カスタマーエンジニア）、ビクターサービスエンジニアリング事件・最三小判平 24.2.21 民集 66 巻 3 号 955 頁（個人代理店））があり、いずれの事件でも業務委託契約等を締結して就業する個人就業者の労働者性が肯定されています。

3　判断基準

　これを受けて厚労省内の研究会において、労働組合法の趣旨・目的、制定時の立法者意思、学説、労働委員会命令・裁判例等を踏まえ、以下のとおり労働者性の判断基準を報告書として提示しています。研究会報告書は、具体的には以下の判断要素を用いて総合的に判断すべきものとしています。

厚労省・労使関係法研究会報告書「労働組合法上の労働者性の判断基準について（平成 23 年 7 月 25 日）

---

(1)　基本的判断要素

1　事業組織への組み入れ

　　労務供給者が相手方の業務の遂行に不可欠ないし枢要な労働力として組織内に確保されているか。

2　契約内容の一方的・定型的決定

　　契約の締結の態様から、労働条件や提供する労務の内容を相手方が一方的・定型的に決定しているか。

3　報酬の労務対価性

　　労務供給者の報酬が労務供給に対する対価又はそれに類するものとしての性格を有するか。

---

(2)　補充的判断要素

　4　業務の依頼に応ずべき関係

　　　労務供給者が相手方からの個々の業務の依頼に対して、基本的に応ずべき関係にあるか。

　5　広い意味での指揮監督下の労務提供、一定の時間的場所的拘束

　　　労務供給者が、相手方の指揮監督の下に労務の供給を行っていると広い意味で解することができるか、労務の提供にあたり日時や場所について一定の拘束を受けているか。

(3)　消極的判断要素

　6　顕著な事業者性

　　　労務供給者が、恒常的に自己の才覚で利得する機会を有し自らリスクを引き受けて事業を行う者と見られるか。

4　労基（契）法と労組法の労働者の違い

　この判断基準を、前記の「労働基準法上の『労働者』の判断基準について」（Q4）と比較すると、労基法、労契法上の労働者については「指揮監督下の労働」（①）に関する判断基準のうち、ア．仕事に対する諾否の自由の有無、イ．業務遂行上の指揮監督の有無、ウ．時間的・場所的拘束性の有無が重視されていますが、労組法上の労働者については、これらは基本的判断要素ではなく、補充的判断要素（②）にいわば格下げされています。

　その代わりとして労組法上の労働者については、(1) 1 事業組織への組入れと契約関係の一方的決定(1) 2 が基本的判断要素として重視されています。これは(1)の 1 と 2 という 2 要素が存在すれば、団体交渉によって、就労条件引き下げ等の問題を解消することができると言えるため、少なくとも団体交渉関係を中心とする労組法上の労働者性については、この 2 つの基準が重要だという発想なのでしょう（ちなみに、前述した 3 つの最高裁判例も、この 1 と 2 を重要視していたが、労使関係法研究会報告書のような判断基準の序列付はしていませんでした）。

第3章

会社役員

I
会社役員と労働法の適用

Q1 会社役員

会社役員も労働法が適用される場合がありますか？

A 代表権、業務執行権を有する会社役員は、会社と委任関係にあり、労働法の適用を受けることはありませんが、代表者から指揮監督を受けて労務提供をし、その対価として賃金を支払われている（いわゆる「使用人兼務取締役」など）役員の場合は、労働法の適用を受けることがあります。

•••解 説•••

1 会社役員

法人、団体、組合等の代表者又は執行機関の地位にある役員（「株式会社の『役員』は、取締役、会計参与及び監査役をいう」（会社法32条1項）は、一般に法人等と委任関係（取締役と会社との関係について、会社法330条など）のもとで経営の遂行にあたる点で、原則としてその提供する労務は独立労働であり、使用従属関係下での労働にあたらないと言えます（「法人、団体、組合の代表者又は執行機関たる者のごとく、事業主体との関係において使用従属の関係にあたらない者は、労働者ではない」昭23.1.9基発第14号）。

例えば株式会社の役員等の構成は、次頁の図のとおりです（**図表4**）。

しかしながらこれらの役員も、勤務実態から「労働者」と判断される場合があり、特に、「兼務」役員や「名目上」の役員が、取締役等の会社役員に昇任した後も、従業員としての業務を引き続いて行なっているような場合には、いわゆる「使用人兼務取締役」として、会社との間で役員としての委任契約と従業員としての労働契約が併存し、役員としての待遇と従業員としての待遇及び労基法などの法的保護を共に受ける可能性があります。この点について、業務の内容や遂行の仕方、報酬の変化、退職金受領の有無などによって、従業員としての地

位を兼務しているか否かによって判断されることになります。

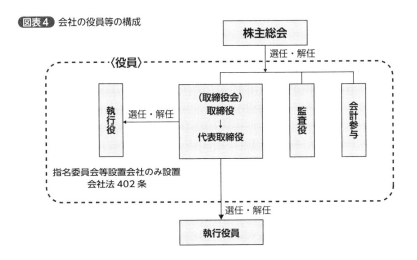

図表4　会社の役員等の構成

2　会社役員と労基法の適用

会社などの役員の労基法適用については、いくつかの行政解釈が参考になります。

(1)　法人役員等の労基法上の取扱い

① 法人の重役で業務執行権又は代表権を持たない者が、工場長、部長の職にあって賃金を受ける場合は、その限りにおいて本条労基法第9条の労働者である（昭23.3.17基発461号）。

② 共同経営事業の出資者であっても、当該組合又は法人との間に使用従属関係があり賃金を受けて働いている場合には、本条労基法第9条の労働者である（昭23.3.24基発498号）。

(2)　法人役員等の労災法上の取扱い（昭34.1.26基発第48号）

① 代表権・業務執行権*を有する役員は、労災保険の対象となり

＊代表権・業務執行権とは株主総会、取締役会の決議を実行し、又日常的な取締役会の委任事項を決定、執行する権限（代表者が行う対外的代表行為を除く会社の諸行為のほとんどすべてを行う権限）をいう。

ません。

② 　法人の取締役・理事・無限責任社員等の地位にある者であって
も、法令・定款等の規定に基づいて業務執行権を有すると認めら
れる者以外の者で、事実上業務執行権を有する取締役・理事・代
表社員等の指揮監督を受けて労働に従事し、その対償として賃金
を得ている者は、原則として「労働者」として取り扱います。

③ 　法令、又は定款の規定により、業務執行権を有しないと認めら
れる取締役等であっても、取締役会規則その他内部規則によって、
業務執行権を有する者と認められる者は、「労働者」として取り扱
いません。

④ 　監査役、及び監事は、法令上使用人を兼ねることを得ないもの
とされていますが、事実上一般の労働者と同様に賃金を得て労働
に従事している場合は、「労働者」として取り扱います。

(3)　「専務取締役」について労災適用を肯定した裁判例

●大阪中央労基署長（おかざき）事件・大阪地判平成 15 年 10 月 29 日労判
866 号 58 頁

60 歳の専務取締役が急性循環不全で死亡したケース。

> 　　　労災保険法上の「労働者」は労基法上の「労働者」と同
> 一のものであると解するのが相当であり、「労働者」に当た
> るか否かは、その実態が使用従属関係の下における労務の
> 提供と評価するにふさわしいものであるか否かによって判
> 断すべきものとしました。そして、出張中にホテルのベッ
> ドの上で急性循環不全により死亡した専務取締役が、専務
> 取締役に就任後も、就任以前に担当していた業務に格別変
> 更はないことをみれば、被災者が専務取締役に就任したこ
> とをもって直ちに本件会社との使用従属関係が消滅したと
> はいえず、また本件会社との雇用契約が合意解約されたと
> もいえず、労災保険法でいう「労働者」が、実質的概念で
> ある以上、被災者の呼称が専務取締役とされていることや、

> 被災者の認識が専務取締役だったとしても、直ちに被災者
> が「労働者」性を喪失していたとはいえない。

として、労働者性を肯定して労災の適用の可能性を肯定しています。

3　実態に即した判断

　これらはいずれも実態に即して判断されています。例えば、形式上取締役とされていたが、実態は労働者に他ならない熟練職員への労基法上の時間外労働割増賃金規定適用を肯定した**類設計室（取締役塾職員残業代）事件・京都地判平 27.7.31 労判 1128 号 52 頁**を参照してください。

　また、会社（美容院）の共同設立者につき、勤務時間・場所の拘束を受けながら、週5、6日程度出勤して稼働し、給与（賃金）の名目で月額報酬を支払われ、取締役または代表取締役としての就任登記がなされていないこと等から、労働者性を肯定し、一方的に減額された賃金の支払いを命じた**美容院A事件・東京地判平 28.10.16 労判 1154 号 37 頁**などがあります。

　なお、会社の取締役等が、定款や株主総会の決議によって定められる退職慰労金とは別に、一般の従業員に支払われる退職金の支払を求めることができるかが争われることがあり、これは、退職金請求権の根拠となる就業規則（退職金規定）が当該取締役にも適用されるか否かの問題です。

　その規定や運用上この点が明らかになっている場合（例えば退職金規定は取締役等には適用されないことが明記され実際に支払われていない場合）には、それに従った取扱いがなされることになりますが、この点が必ずしも明らかでない場合には、当該取締役等が就業規則の適用対象たる従業員（使用人）にあたるか否かは（従業員としての地位を兼務しているか）、その実態に照らして判断されます。判例及び裁判例は、当該取締役等の肩書き・地位、業務の内容、使用者による指揮監督の内容・程度、取締役就任時の退職金受領の有無などの諸事情を考慮して従業員性を判断し、退職金請求権の有無を決しています。

Q2 使用人兼務取締役（1）

使用人兼務取締役に労働基準法等が適用される場合の
判断要素とはどのようなものですか？

A 裁判例では、取締役の労働者性有無の判断要素としては、
①勤務時間管理の有無、②報酬の種類・額、③雇用保険加入の有無、
④取締就任時における従業員の地位請求（退職金支払）の有無、⑤
取締役会の実質、⑥業務内容の変化などが総合考慮されています。

••••解説••••

1　労働基準法適用の判断要素

　裁判例では、以下に述べるとおり、取締役の労働者性有無の判断要
素としては、①勤務時間管理の有無、②報酬の種類・額、③雇用保険
加入の有無、④取締就任時における従業員の地位請求（退職金支払）の
有無、⑤取締役会の実質、⑥業務内容の変化などが総合考慮されてい
ます。

　そこで以下には、これらの各判断要素と、労働者性有無の判断との
関連について個別に検討していくことにしますが、言うまでもなく、
これらの各要素の総合考慮により労働者性が判断されることから、各
要素のみによるものではなく、あくまでも相対的なものであることに
注意が必要です。

2　勤務時間管理の有無（＝判断要素①）

　使用者による勤務時間管理がなされている場合は、取締役の労働者
性が肯定される傾向にあります。例えばタイムカードによる出退勤管
理がなされていたとして労働者性が肯定された、興栄社事件・最一小判
平 7.2.9 労判 681 号 19 頁（合資会社の専務取締役の退職金請求認定）、オー・

エス・ケー事件・東京地判平 13.11.19 労判 816 号 85 頁（解雇無効）、類設計室（取締役塾職員残業代）事件・京都地判平 27.7.31 労判 1128 号 52 頁（残業代請求認定）などがあります。

　反対に、使用者による勤務時間管理がなされていなかったとして、労働者性が否定された、佐川ワールドエクスプレス（本訴）事件・大阪地判平 3.9.28 労判 717 号 37 頁（解雇有効）、オスロー商会ほか事件・東京地判平 9.8.26 労判 725 号 48 頁（解雇無効）などがあります。

　もっとも、使用者による労働時間管理を受けていなかった場合でも、従業員が取締役に昇任した前後で担当業務に特段の変更がなく、他の従業員と同様の仕事をしていたとして、管理監督者（労基法 41 条）と同様の地位にあるとして労働者性を肯定された、大阪労基署長（おかざき）事件・大阪地判平 15.10.29 労判 866 号 58 頁（労災請求認定）があります。

3　報酬の種類・額（＝判断要素②）

　取締役に支払われる報酬については、他の従業員と同様に「給与」や「賞与」として支払われていたり（明倫館事件・千葉地判平元 .6.30 判時 1325 号 150 頁（退職金請求肯定））、「報酬」名目で支払われていても他の従業員と同様の額である場合（前掲類設計室事件）などは、労働者性が肯定される傾向にあります。

　他方、役員としての「報酬」が支払われていたり（前掲佐川ワールドエクスプレス事件、スポルディング・ジャパン事件・東京地判平 8.3.25 労経速 1618 号 12 頁（解雇認容））、美浜観光事件・東京地判平 10.2.2 労判 735 号 52 頁など）、他の従業員よりも高額な「給与」支払いのケースでは労働者性が否定された、ジャパン・スイス・カンパニー事件・東京地判平 8.3.26 労判 693 号 71 頁（退職金請求否定。報酬額を本人が決定していた）、碌々産業事件・東京地判平 8.7.16 労判 705 号 104 頁（退職金請求否定）などがあります。

　労働者性を肯定した例として、高蔵興業事件・名古屋地判昭 59.6.8 労判 447 号 71 頁、森工機事件・大阪地判昭 59.9.19 労判 441 号 33 頁、興

栄社事件・最一小判平7.2.9労判681号19頁、黒川建設事件・東京地判平13.7.25労判813号15頁。ミレジム事件・東京地判平24.12.14労判1067号5頁などがあります。

　労働者性を否定した例として、美浜観光事件・東京地判平10.2.2労判735号52頁、協和機工事件・東京地判平11.4.23労判770号141頁、新榮産業事件・東京地判平11.5.27労判776号84頁、ザ・クロックハウス事件・東京地判平11.11.15労判786号86頁、三菱自動車工業（執行役員退職金）事件・最二小判平19.11.16労判952号5頁、サンランドリー事件・東京地判平24.12.14労経速2168号20頁などがあります。

4　従業員の地位清算の有無（＝判断要素③）

　取締役就任時に退職金支払がなされた場合には、従業員の地位が清算されているとして、労働者性が否定される傾向にあります（例えば前掲佐川ワールドエクスプレス事件、東神倉庫事件・東京地判昭62.4.17労経速1297号14頁（解雇有効））。もっとも、前掲オスロー商会事件では、退職金支払はなかったものの、「勤務時間の管理を受けず、被告らの経営するパチンコ店等の店長を統括する責任者であり、（使用者から）個別具体的な指揮命令を受けずに営業に関する重要事項を決定する包括的な権限を有し、勤務成績等によって左右されない対価の支給、便宜供与を受けていたのであるから、取締役就任後は労働者性の根拠とすべき使用従属関係を肯定することができ」ず、取締役に就任したことに伴い、黙示の合意により労働契約が解約されたものと推認できるとしています。

　他方、退職金が支払われていないとして労働者性を肯定した、大銅建設事件・大阪地判昭57.5.28労経速1125号3頁（退職金請求認容）、前掲オー・エス・ケー事件などがあります。

5　雇用保険加入の有無（＝判断要素④）

雇用保険に加入している場合、労働者性が認められ（例えば前掲興栄社

事件、アンダーソンテクノロジー事件、ピュアルネッサンス事件など）、加入していない場合、労働者性が認められない傾向にあります（例えば前掲スポルディング・ジャパン事件、美浜観光事件など）。

6　業務内容の変化（＝判断要素⑤）

　取締役就任前後の業務内容について、従業員時と同様の業務内容に従事している場合は、労働者性が認められる傾向にあります（例えば前掲明倫館事件、オー・エス・ケー事件、大阪労基署長（おかざき）事件、ピュアルネサンス事件など）。もっとも、従業員の地位にあった時から業務遂行において裁量性が認められ、取締役就任後も単に名目的なものでなく実質的に業務執行を行っていた場合には、労働者性が否定されています（前掲佐川ワールドエクスプレス事件、前掲オスロー商会事件、エスエー・SPARKS事件・東京地判平23.3.14労経速2108号28頁など）。

Q3 使用人兼務取締役(2)

取締役などの会社役員に労働基準法等が適用される裁判例にはどのようなものがありますか?

A いわゆる「使用人兼務取締役」に労基法等が適用されるか否かについては、裁判例では企業内での位置付けや勤務実態などさまざまな要素によって判断されることになります。

・・・解説・・・

1 取締役と労基法

会社の取締役であっても、業務執行以外の業務について労務に服して対価として賃金支払を受けているかぎり、「使用人兼務取締役」として、労基法、労契法の適用を受けることがあり、労災保険の適用、解雇の効力や退職金請求などが争いとなっており、次のケースはその典型です。

2 「労働者」性が肯定された事例

◉アンダーソンテクノロジー事件・東京地判平18.8.30労判925号80頁

【事案】

原告は、いわゆるワンマン経営の被告会社に入社し、営業管理部長に昇進した後、取締役に選任されたが、その後会社の経営方針を批判する等したことから、株主総会で取締役を解任されたので、原告は解任当時従業員兼取締役であったことを前提に、従業員としての地位確認、給与支払を求めると共に任期中の取締役の解任について、会社に損害賠償を求めた(会社は、訴訟で予備的に懲戒解雇の意思表示を行っている)。

判決は、下記のとおり判示しています。

　「取締役の労働者性の判断基準については、会社の指揮監督の下で労務を提供していたかどうか、報酬の労働対価性、即ち、報酬の支払方法、公租公課の負担等についての労基法上の労働者への該当事情の有無等を総合して判断することにな」り、「（原告には）被告代表者から独立した業務執行権限が、定款上その他割り当てられているわけではなく、取締役会の開催あるいは決定の実態も被告代表者の最終的意向に負うている」ことから、「原告は被告代表者の強い指揮監督下にあったものと考えるのが相当である。」「報酬について見ても（中略）、従前と同様の給料明細書に基づき定額の支給を受けている実状にあり、従業員としての要素を色濃く残している。」「原告については、取締役に就任後も被告代表者の指揮監督下で依然として労基法上の労働者として処遇されていたものと見るのが相当である。」（なお、懲戒解雇は有効としている）。

●アメリカン・ライフ・インシュアランス・カンパニー事件・東京地判平24.1.13 労判 1041 号 82 頁

【事案】

　外資系生命保険会社の日本支社において、執行役員であった原告が、退社後に競合他社へ転職したところ、競業避止条項により退職金を支給されなかった。

　判決は、下記のとおり判示しています。

　「同支店の重要事項はすべて米国本社で決定され、同支店役員会の権限が実際上限られていたこと、執行役員兼務になった後も、業務内容は役員会に出席するほかは金融部長として営業活動と人事管理業務のままであり、同本部を監督する副会長の決裁を得て業務執行していたこと、報酬額も住宅補助の増加にとどまったことなどから、「原告は、本件退職金合意当時、金融法人本部の本部長及び執行役員のいずれの立場においても、被告の労働者であったというべきである。」

Q4 監査役・執行役員

会社の監査役や執行役員などには労働法は適用されるのでしょうか？

A 監査役は、会社法上株式会社の定款により設置される役員であるものの、小企業を中心に、実際には一般従業員が監査役に選任されて業務遂行することが多く、他方執行役員は株式会社の機関ではなく、「使用人」の一種と位置付けられているものの、会社の業務執行の一部を担うことから、それぞれの業務内容の実態に照らして労基法上の労働者か否かが判断されることになります。

•••解説•••

1　監査役

　監査役は、株式会社の定款により設置される役員であり（会社法326条、381条）、取締役の職務の執行を監査する権限を有し（381条）、法令上会社の取締役、支配人その他の使用人、執行役員を兼務できないものとされています（会社法335条、旧商法276条）。

　しかしながら特に小企業を中心に、実際には一般従業員が監査役に選任されて業務遂行することが多く、しかも法令上監査役については上述のとおり兼務禁止規定が存することから、しばしば問題とされることになります。裁判例としては、次のものが典型例です。

◉千切屋織物事件・京都地判昭50.8.22判時803号120頁

【事案】

　従業員十数名の会社で20数年間勤務していた会計担当社員が退職することになった際、監査役として勤務した10年間分についての退職金が争いとなった。

　判決は、下記のとおり判示し、就業規則の退職金条項が原告にも適

用されることは明らかであるとして、原告の請求を認めています。

　　　　原告は被告会社を代表する権限を有せず、業務遂行権を有する取
　　締役会の構成員でもなく、代表取締役の指揮命令によって庶務、会
　　計の事務に従事していたことが認められるから、事業に使用される
　　者であることに相違なく、また前記事務の労務に対し報酬が支給さ
　　れていたものであることは前に認定したとおりであるから、賃金を
　　支払われる者であり、労働基準法にいう労働者である（同旨アイ・
　　ライフ事件・東京地判平15.9.29労経速1850号25頁）。

2　執行役員

　執行役員は、会社法上、株式会社の機関ではなく「使用人」の一種
と位置付けられています（会社法362条4項3号は、取締役会の権限とし
て「支配人その他の重要な使用人の選任及び解任」を規定している）。した
がって執行役員は、取締役会の選任・監督の下、あくまでも事業部門
のトップとして業務を執行するもので、経営に関する重要事項や方針
に関する決定権限はありませんが、会社の業務執行の一部を担うこと
から、その実態に照らして労基法上の労働者か否かが判断されること
になります。

(1)　労働者性が肯定された事例

●船橋労基署長（マルカキカイ）事件・東京地判平23.5.19労判1034号62頁

【事案】

　従業員が退職して退職金を支払われた後、理事、取締役を経て執行
役員になったものの、実際には一般従業員であった時と同じ業務に従
事していたところ、出張中に死亡したケース。

　判決は、下記のとおり判示しています。

　　　　（原告が）執行役員という地位にあったものの、その業務実態は、
　　本件会社の指揮監督の下にその業務を遂行し、その対価として報酬
　　を受けていたということができ、従業員としての実質を有していた
　　ものと認められるから、労災保険法（労働基準法）上の労働者に該

当する。

(2)　労働者性が否定された事例

◉三菱自動車工業事件・最二小判平 19.11.16 労判 952 号 5 頁

【事案】

　従業員が退職して執行役員になった者が、役員退職慰労金規則に定められている退職慰労金を請求したケース。

　判決は、下記のとおり判示し、「労働者」性を否定しています。

> 「被上告人（＝会社）が退任する執行役員に対して支給してきた退職慰労金は、功労報償的な性格が極めて強く、執行役員退任の都度、代表取締役の裁量的判断により支給されてきたにすぎないものと認められるから、被上告人が退任する執行役員に対し退職慰労金を必ず支給する旨の合意や事実たる慣習があったということはでき」ず、執行役員と会社との関係を委任契約にあるものとした。

Q5 共同経営者

会社の共同経営者などには労働法は適用されるのでしょうか？

A 共同経営者・出資者は、事業の最終決定に関する責任の程度によっては、共同経営者の労働者性が問題となることがあります。また他社の役員をしている者を雇用した場合、使用従属関係があるかぎり、他社での地位に関係なく労働者性が問題となります。

・・・解説・・・

1　共同経営者・出資者の場合

　会社等の共同経営・出資は、一般に複数の経営者や出資者が共同で会社などの事業を行うもので、出資比率や業務分担などによりさまざまなものがありますが、要は事業の最終決定に関して、程度の差があれ共同責任を負う形態のことであり、したがって責任の程度によっては、共同経営者の労働者性が問題となることがあります。通達でも「共同経営事業の出資者であっても、当該組合又は法人との間に使用従属関係があり、賃金を受けて働いている場合には、労基法9条の労働者である」とされています（**昭 23.3.24 基発 498 号**）。

　例えば、画廊の「共同経営者」であったXにつき、「経営上の意思決定は（Xではなく）Y代表者の判断にゆだねられているので、XがY代表者と共同経営にあたっていたものと解することは困難であり、XはY代表者の包括的な指揮命令の下にあって、Yに雇用されていたものと解するのが相当である」と判断された、**新日本ジュエル・ギャラリー事件・東京地判昭 53.12.25 労経速 1007 号 21 頁**があります（同旨美容院A事件・東京地判平 28.10.6 労判 1154 号 37 頁など）。

　他方、中小企業等協同組合法に基づく企業組合として設立された
ワーカーズ・コレクティブにおいて、配送に従事していた組合員につ
いて、組合の意思決定に対等の立場で参加していたことが認められ、
労働者性が否定された、ワーカーズ・コレクティブ轍・東村山事件・東京
高判令元 .6.4 労判 1207 号 38 頁があります（同旨前掲エフシーケー事件、
ルイジュアン事件など）。

2　他社の役員をしている場合

　他社の役員をしている者でも、使用従属関係があるかぎり、他社で
の地位は無関係であり、例えば他社の代表取締役であっても、適用除
外者でないかぎり、雇用保険の被保険者となります（雇用保険法 4 〜 6
条）。

◉ジャパンネットワークサービス事件・東京地判平 14.11.11 労判 843 号 27 頁
【事案】

　Ｘは、自らが代表取締役を務める会社の業績が思わしくなかったこ
とから、友人Ａ経営のＹ会社の「新規事業開発部長」として月額 40 万
円で専属的にデザインワーク等の業務に従事していた。
　判決は、下記のとおり判示しています。

> 　友人Ａの勧めに従い、「（Ｘは）Ｙ会社のデジタル印刷事業に専属
> 的に従事するべく本件労務供給契約を締結したのであり（勤務時間
> 中に他の会社の業務を要していたことがあったとしてもそれは職務
> 専念義務反違反を問われるに過ぎない）」「Ｘの就労は、Ａの指揮監
> 督下でＹの業務に従事していたものであると認められ」、「したがっ
> てＸは本件労務供給契約に基づく関係において労働基準法上の『労
> 働者』であるといえ」る。

Q6 会社役員と雇用・社会保障

会社役員には雇用保険や健康保険、厚生年金などの社会保険は適用されますか？

A 雇用保険はいわゆる「従業員取締役」には原則として適用され、健康保険、厚生年金は原則として代表者を含む会社役員全員に適用されます。

・・・ 解説 ・・・

1 雇用保険の適用

　雇用保険法4条1項の「労働者」については、同法自体は定義していませんが、事業主に雇用され、事業主から支給される賃金によって生活している者、及び事業主に雇用されることによって生活しようとする者であって現在その意に反して就業することができない者とされており、賃金によって生活するという点が強調され、実際上は労基法の「労働者」と同一概念労働者とされています。

　したがって法人等の役員のうち、代表取締役は「労働者」に該当しないことから、被保険者になりませんが、取締役については、会社の部長、支店長等労働者としての身分を有し、給与支払の面からも労働者的性格が強く雇用関係が存在しているような場合（いわゆる「従業員取締役」）には、「労働者」とされています。

　他方、専務取締役や常務取締役などが、業務執行権を有している場合、「労働者」とはされず、例えば実質的に会社の首脳陣の一人として対内的な業務の執行に当たっており、相応の業務を執行していた取締役について、労働者性を否定した裁決があります（**労働保険審査会平成16年5月12日**）。

67

2　健康保険、厚生年金

　健康保険法は、法人の役員が法人から労働の対償として報酬を受けている場合、その法人に使用される者として被保険者の資格を取得するものとされ（昭和24年7月28日保発74号）、実際、多くの会社役員が、被保険者となっています。

　また厚生年金についても、適用事業所に使用される70歳未満の者は、原則として、法律上当然に被保険者とされ（厚生年金保険法9条）、厚生年金の被保険者の資格を取得したとき、同時に国民年金の2号被保険者の資格も取得します（国民年金法8条）。厚生年金の場合、「使用される者」の範囲は、法人の代表者や業務執行者を含む法人の役員にも被保険者資格が認められ、また事業主との間に事実上の使用関係があれば足り、有効な雇用契約の存在まで必要とするものではないと解されています。

　したがって、代表取締役であっても、その経済的実態や労働状況が一般の労働者と大差なければ、健康保険・厚生年金による救済を与える必要があるとして、被保険者資格が肯定されています。

◉岡山県知事事件・岡山地判昭 37. 5.23 行集 13 巻 5 号 943 頁、広島高岡
　山支判昭 38.9.23 判時 362 号 70 頁

　製パン会社の代表取締役について、健康保険法及び厚生年金保険法は、労働に従事している者に対して憲法 25 条の「生存権」を具体的に実現すべく制定されたものであり、それゆえに「労使間の契約上の実際上の差異」を考慮する必要はなく、法人代表者にも、両保険制度を利用させることこそが、憲法 25 条の趣旨に合致するものであるとして、「使用される者」であると判示した。

Q1 会社役員の個人責任

使用者が労働者に重大な損害を与えた場合、会社役員はどのような責任を負うのでしょうか？

A 使用者が労働者に重大な損害を与えた場合、会社と共に取締役などの会社役員が重過失による任務懈怠責任（会社法429条）を負うことがあります。

•••解説•••

1 会社役員らの法的責任

(1) 使用者の意味

「使用者」は労働者と労働契約を締結し、個人企業など個人で労働者を雇用している場合にはその個人が、会社など法人で労働者を雇用している場合にはその法人が使用者に該当し、したがって会社の代表者、取締役、監査役などの役員は、労働契約上の「使用者」には該当せず、原則として労働契約上の義務を負うことはありません。

しかしながら会社の役員は、その職務を行うにあたって善管注意義務（会社法330条、民法644条）や忠実義務（会社法355条）を負っており、遵守すべき法令の中には当然のことながら労基法等の労働関係法規も含まれていることから、上記義務等に違反して（労働者を含む）第三者に損害を与えた場合には、それによって生じた損害を賠償する責任を負うことになり（会社法429条1項、一般法人法117条1項）、また会社の代表者個人が不法行為をした場合には、会社そのものも責任を負うことになります（会社法350条1項、一般法人法78条等）。

そのような例として、後述するとおり長時間の残業を前提とした勤務体制下で労働者が過労死したり、意図的な賃金不払、不当労働行為及び債務免脱の目的をもってなされた会社解散や懲戒解雇の無効が確

定したのに労働者をあえて就労させなかった場合などをあげることができます。

⑵　安全配慮（もしくは職場環境配慮）義務

　他方会社の管理職などは、労働契約上「労働者」とされ「使用者」に該当しませんが（労契法6条）、これらの者が部下である労働者に対し指揮監督権限を有している場合、労働者が心身の健康を損なうことがないよう注意する義務（安全配慮義務）や働きやすい職場環境で働く労働者の利益を害さないようにする義務（職場環境配慮義務）を負うことになり、この注意義務違反は、管理職や上司自身の債務不履行責任や不法行為責任も発生させることになります（労契法5条、民法415、715条）。

2　会社役員らと労働法

⑴　会社役員らも原則として使用者責任を負う

　一般に労基法、労災保険法などの労働者保護法は、労働者を事実上指揮命令するという事実に着目して、その者にさまざまに責任を負わせるものであることから、この責任主体は上述した労働契約上の当事者に限定されず、労働者を事実上指揮命令下に置く者も含まれ、使用者の範囲を「事業主または事業の経営担当者その他その事業の労働者に関する事項について、事業主のために行為する全ての者」としており、したがって個人企業の事業主や法人の役員、代表取締役、取締役、監査役などの会社役員をはじめ、管理職等も全て使用者責任を負うものとされています（10条）。

　責任主体につき、均等法、パート有期法、派遣法、育介法、労災法、高年法などは「事業主」とし、労安法は「事業者」とされていますが、実務上労働契約の当事者のみならず、派遣先や発注企業や上記管理職など労働者を事実上指揮命令する者も含めるものと解釈されており、労基法はそこで規定する労働条件の重要性に鑑み、管理職も含めた責任主体を明記しているのです。このように労基法においては、管理職

などは「労働者」であるとともに、「使用者」としての責任を負うことがありますが、「使用者」責任を負うか否かは、問題とされる法律上の義務について実質的な決定権を有していたか否かを基準とされることになり、条文ごとに異なることがあり得ます。

(2)　労組法の「労働者」～労基法との違い

　他方労組法上の労働組合は、「労働者が主体となって」組織し運営する母体であることから（労組法2条）、労働者以外の者（学生やプロの組合オルグなど）が加入することも妨げられず、この場合の「労働者」には「職業の種類を問わず、賃金、給料その他これに準ずる収入によって生活する者」（労組法3条）とされており、労基法の「労働者」が「使用される者」（9条）とされているのとは明白に異なっています。

　したがって、実務上、労組法上の労働者は、労基法よりも広く解釈されており、労基法上の労働者に該当しない労務提供者を含むとの暗黙の理解に基づき、例えば放送局の「専属」管弦楽団員、家内労働者、プロ野球選手、僧侶などが「労働者」とされています。

　ちなみに、不当労働行為制度では、実務上、責任主体は個人事業主又は法人に限定されており、例えば組合員の脱退勧奨などを管理職等が行った場合、直接の責任を負うのは「事業主」たる使用者とされています（済生会中央病院事件・最三小判昭60.7.19民集39巻5号1266頁）。

Q2 会社役員の個人責任の具体例1 —— 意図的な賃金不払いの場合

会社の労働者に対する賃金不払いで、役員に対する請求は可能でしょうか？

A 使用者（会社）が時間外労働に対する割増賃金の支払などを全くしていないにもかかわらず、これを知りながら放置していた場合などには、会社役員は、善管注意義務ないし忠実義務に違反する任務懈怠があるとされ、損害賠償責任が発生します。

・・・解説・・・

1 会社役員と労働契約上の責任

会社の役員は、その職務を行うにあたって善管注意義務（会社法330条、民法644条）や忠実義務（会社法355条）によって、法令を遵守した職務遂行が求められており、遵守すべき法令には、労基法等の労働関係法規も含まれており、その典型は意図的な賃金不払いのケースです。

2 意図的な賃金不払いのケース

◉ブライダル関連会社元経営者ら事件・鳥取地判平28.2.19労判1147号83頁

【事案】

原告らは、A社を給与又は解雇予告手当の支払いを受けないまま退職したことから、未払賃金、賃確法所定の遅延損害金等合計約140万円余の判決を受けたが、その直前にA社は事実上廃業してしまった。そこで原告らはA社の代表取締役と取締役に対し、会社法429条に基づき未払給与等と同額の損害賠償を求めた。

判決は、次のとおり判示し、代表取締役らの任務懈怠を認めた。

　使用者は、労働者に対し、給与を、所定の支払日に、その全額を支払うことが義務付けられており、その違反には罰則が適用される（労基法24条１項、120条１号）。これは、労働契約を締結する使用者の最も重要な義務であり、労働者の側から見れば最も基本的な権利であって（中略）、取締役がこの努力を怠ることは、取締役の任務懈怠と評価されるべきものである。

　このことは、例えば当該会社の経営が客観的に困難な状況にあり、労働者への給与支払が滞りがちであるといった場合でも異なるところはない。むしろ、そのような場合にこそ、事態を放置することは会社の財務状況をますます悪化させ、労働者を含む会社債権者の顕在的又は潜在的な損害をさらに拡大するのであるから、取締役にはそのような損害の拡大を阻止するため、可能な限り最善の方途を選択・実行すべき善管注意義務がある。（中略）本件Ａ社は、原告らの給与の未払又は解雇予告手当の不払という労働基準法上罰則付きで禁じられている事態を意図的に生じさせており、そのことは、被告ら（代表取締役、取締役）の任務懈怠を構成するものと評価される。そうであるとすれば、被告らは、その任務を懈怠するについて、少なくとも重大な過失があったと言わざるを得ない。

＜類似判例＞

◉昭和観光（代表取締役ら・割増賃金支払義務）事件・大阪地判平21.1.15 労判979号16頁

　使用者（会社）が時間外労働に対する割増賃金（労基法37条）の支払いを全くしていない事案で、これを知りながら放置していた同社の取締役および監査役に対し、善管注意義務ないし忠実義務に違反する任務懈怠があったとして、割増賃金相当額の損害賠償を命じた。

Q3 会社役員の個人責任の具体例2 —— 過労死の場合

従業員の過労死等のケースで、使用者と共に会社役員の責任を追及することは可能でしょうか？

A 従業員の過労死等の場合、会社役員もまた労働者の勤務実態を容易に認識しうる立場にあるのが通常であり、労働者の生命・健康を損なうことがないような体制を構築し、長時間勤務による過重労働を抑制する措置を採る義務があることは明らかであり、これを怠った場合には悪意又は重過失が認められることがあります。

・・・解 説・・・

1　過労死等での取締役の責任

近年過労死等のケースで、使用者である会社のみならず、取締役等の個人責任が問題となるケースが増加しており、これを認める裁判例も少なくありません。

2　長時間残業を前提とした勤務体制下で労働者が過労死したケース

◉大庄ほか事件・大阪高判平 23.5.25 労判 1033 号 24 頁

【事案】

調理業務従事で入社した社員Aが、入社後わずか4か月で急性心不全で死亡したが、会社では労働者の月給の最低支給額に 80 時間の時間外労働が前提として組み込まれ、36 協定では 1 か月 100 時間が許容され、亡Aの実際の労働時間が月 300 時間超（内時間外労働 100 時間超）となることが常態化していたことから、遺族は会社のみならず会社役員も訴えたケースで、判決は次のとおり判示し、会社と会社役員の責任を認めた。

　　管理本部長、店舗本部長、支社長は、業務執行全般を行う代表取締役ではないものの、亡Aの勤務実態を容易に認識しうる立場にあるのであるから、労働者の極めて重大な法益である生命・健康を損なうことがないような体制を構築し、長時間勤務による過重労働を抑制する措置を採る義務があることは明らかであり、この点の義務懈怠において悪意又は重過失が認められる。（中略）代表取締役は、自ら業務執行全般を担当する権限がある上、仮に過重労働の抑制等の事項については他の役員らに任せていたとしても、それによって自らの注意義務を免れることができないことは明らかである。また、人件費が営業費用の大きな部分を占める外食産業においては、会社で稼働する労働者をいかに有効に活用し、その持てる力を最大限に引き出していくかという点が経営における最大の関心事の一つになっていると考えられるところ、自社の労働者の勤務実態について上記取締役らが極めて深い関心を寄せるであろうことは当然のことであって、責任感のある誠実な経営者であれば自社の労働者の至高の法益である生命・健康を損なうことがないような体制を構築し、長時間勤務による過重労働を抑制する措置を採る義務があることは自明であり、この点の義務懈怠によって不幸にも労働者が死に至った場合においては悪意又は重過失が認められるのはやむを得ないところである。なお、不法行為責任についても同断である。

＜類似判例＞

(1)　会社法429条1項の責任を認めた例

●サン・チャレンジほか事件・東京地判平26.11.4労判1109号34頁
　長時間労働、いじめによる自殺の事案
●種広商店事件・福岡地判平25.11.13労判1090号84頁
　機械操作中の労災事故の事案
●竹屋ほか事件・津地裁平29.1.30労判1160号72頁
　長時間労働等による過労死の事案

◉フルカワほか事件・福岡地判平 30.11.30 労判 1196 号 5 頁

　長時間労働による脳疾患の事案

(2) 民法 709 条の責任を認めた例

◉ネットワークインフォメーションセンターほか事件・東京地判平 28.3.16 労判 1141 号 37 頁

　長時間労働による自殺事案。出向事案で、出向元、出向先の各代表者の責任を認めた。

◉社会福祉法人和歌山ひまわり会ほか事件・和歌山地判平 27.8.10 労判 1136 号 109 頁

　長時間労働による過労死事案で、施設長と理事長の責任を認めた。

◉ La Tortuga（過労死）事件・大阪地判令 2.2.21 労判 1221 号 47 頁

　ウイルス性心筋炎による死亡事案。代表者について不法行為責任を認めた。

Q4 会社役員の個人責任の具体例3 ── 不当労働行為の場合

不当労働行為のケースで、使用者とともに会社役員の責任が問題とされることはありますか？

A 会社による不当労働行為のケースでは、会社とともに、取締役の責任が認められることがあります。

・・・解 説・・・

1　不当労働行為と会社役員の責任

会社による不当労働行為のケースでは、会社とともに取締役の責任が問題とされることがあります。

2　不当労働行為事案での会社役員の責任

●帝産キャブ（奈良）解雇事件・奈良地判平 26.7.17 労判 1102 号 18 頁

【事案】

タクシー会社の経営者たちが、経営が苦しいとして会社を解散したうえで従業員を全員解雇したことから、労組（原告）が会社役員らに団体交渉を申入れたにもかかわらず、会社は十分な説明をすることなく団交申入れを拒否したので、労組が会社と役員に対し団体交渉を違法に侵害したとして不法行為責任を追及した。

判決は、次のように述べ、取締役全員に対し会社と連帯して損害賠償責任を認めた。

　　会社の団交拒否を不当労働行為と認定したうえで、被告会社の取締役につき、原告組合の団体交渉の申入れを拒絶したこと、更に取締役会においてその内容を決定していたとして、取締役全員につき、「民法 709 条又は会社法 429 条 1 項に基づき、被告会社と連

帯して、団体交渉の拒絶による原告組合の損害を賠償する責任を
負う。

＜類似判例＞

◉エコスタッフ（エムズワーカーズ）事件・東京地判平 23.5.30 労判 1033 号
5 頁

団交拒否の慰謝料につき、会社法 429 条に基づく責任を認めた事案

◉サカキ運輸ほか（法人格濫用）事件・福岡高判平 28.2.9 労判 1143 号 67 頁

組合壊滅の目的での組合員を解雇し、新会社で事業継続した事案

◉生コン製販会社経営者ら（会社分割）事件・大阪高判平 27.12.11 労判 1135
号 29 頁

会社分割と事業閉鎖は、組合員を排除するための不当労働行為であ
るとして、会社分割前の会社の元代表取締役につき、民法 709 条及び
会社法 429 条 1 項の類推適用により責任を認めた。

Q5 会社役員の個人責任の具体例4 —— 会社解散の場合

会社解散のケースで、使用者とともに会社役員の責任が問題とされることはありますか？

A 会社による解散・倒産・経営危機などのケースでは、会社に資力が乏しいことが多いことから、会社代表者や取締役個人に対して損害賠償請求が認められることがあります。

••• 解説 •••

1　会社解散と会社役員の責任

　会社による解散・倒産・経営危機などのケースでは、会社に資力が乏しく、労働契約上の使用者を相手としても労働債権が回収できないような場合、会社代表者や取締役個人に対して労働債権（未払賃金、将来の逸失利益、退職金など）相当額の損害賠償請求がなされることがあります。

2　会社解散と役員の責任

●ベストマンほか事件・名古屋地一宮支判平 26.4.11 労判 1101 号 85 頁
【事案】
　会社役員らは、赤字経営と称して従業員らの賃金カットをするとともに、何ら経営改善の努力をしなかったことから、従業員ら原告が労働組合を作って未払賃金の支払を求めたところ、会社はこれを嫌悪して、会社を解散させるとともに原告らを解雇したことから、原告らは会社役員らの忠実義務もしくは善管注意義務違反を追及した。
　判決は、下記のとおり判示しています。
　　　被告取締役らは、赤字経営改善に向けて経費削減等の具体的な対策を何ら講じず、それどころか、被告会社から年間約 500 万円ない

し 600 万円の役員報酬を受給し続けたうえ、ゴルフに関連する費用や、個人的な旅行代金その他会社経営とは関係がない費用を会社経費として計上し、会社財産を費消し続けたのであり、このような被告取締役の行為は被告会社に対する忠実義務違反（会社法 355 条）ないし善管注意義務違反（会社法 330 条、民法 644 条）にあたるというべきである。そして、その期間の長さ、費消金額等に照らすと、被告取締役には、悪意又は重大な過失による任務懈怠があったと認められる。

＜類似判例＞

◉ JT 乳業事件・名古屋高金沢支判平 17.5.18 労判 905 号 52 頁

　12 名の原告労働者ごとに算定した「賃金逸失利益」、慰謝料、弁護士費用を認めた。

第4章

外勤者（外務・営業職）

Q1 外務・営業職などの外勤者

外務・営業職などの外勤者には、労働法は適用されますか？

A 証券外務員や、検針員、受信集金人など、会社外で委託を受けて業務するいわゆる外勤者が、会社から時間的・場所的拘束を受けずに、出来高払制等で業務に従事する場合、労基法・労契法の適用が否定される傾向にありますが、時間的拘束を受けて業務している場合には、労働者性が肯定されることになります。なお、労組法はいずれの場合でも適用されます。

・・・解説・・・

1　外勤者と労働法

　会社外で勤務する者いわゆる外勤者は、証券外務員や、検針員、受信集金人など、会社から委託を受けて、時間的・場所的拘束を受けずに出来高払制等で勧誘・集金等の業務に従事するのが一般的であり、この場合勤務実態によっては労基法等の労働者性が問題となることがあり、実態に応じて使用従属性が判断されることになります。

　外勤営業職の場合、時間的・場所的拘束性が乏しく、しかも契約は請負や委託形式であり、税金の申告も個人ごとで行うことが多いことから、雇用労働者とは異なる個人事業主と判断されることが多いと思われます。しかしながら特に外勤営業職の場合、一方では雇用労働者であっても事業場外労働のみなし労働時間制を適用することにより、厳格な残業代規制の適用除外としているのであり、法形式が雇用や請負、委任（＝個人事業主）であっても、実態としては実質的な違いがでてこないことがあります。

　したがって外勤者の場合、多くの裁判例は、時間的場所的拘束性の有無に加えて、諾否の自由や代替性の有無等を総合的に考慮して労基

法、労契法における労働者性を判断しており、また労組法については
いずれの場合も適用が認められています。

　ちなみにNHK集金人に関しては、業務委託制で、集金方法等につ
いて全国的に統一された方法に基づき、随時進捗状況を報告すること
が義務付けられていることから、時間的場所的拘束性や諾否の自由、
代替性の有無等をめぐる裁判例が多数ありましたが、最高裁判決では、
これらは業務上の性質上必要とされるものとして、労働者性が否定さ
れる形で決着がつけられつつあります（本章Q5参照）。

2　解釈例規（昭23.1.9基発13号）

　会社の委託制の保険外務員について、会社から就労時間・場所につ
いて拘束があり、実質的に指揮命令がある場合には労働者とされるも
のの、会社から時間・場所を制限されず、その成績に応じて処理経費
及び報酬を受けるといった取扱いがなされている場合には、労基法の
適用はないものとされています。

保険・証券会社などの外務員

保険・証券会社などの外務員には、労働法は適用されますか？

A 証券会社や保険会社などの外務員は、会社から時間的・場所的拘束を受けずに業務に従事する場合、労基法の適用が否定される傾向にありますが、時間的拘束を受けて業務している場合には、労働者性が肯定されます。

•••解説•••

1　労働者性が認められない場合

　証券会社や保険会社の委託外務員は、会社との間で委任契約を交わし、営業活動について時間や場所の制限・拘束や会社からの指揮命令を受けることもなく、報酬は販売実績に応じるということで出来高払い制とされ、他の会社の役員や使用人となったり自営を行うことも自由とされることが一般的であり、このような場合労基法・労契法は適用されず、実務上「実質上においても支配従属関係はきわめて乏しい」として、「委任ないしは委任類似の契約」とされる傾向にあります。

●太平洋証券事件・大阪地決平 7.6.19 労判 682 号 72 頁
【事案】
　証券会社の外務員と会社の間で、「外務員は、会社のために証券取引法に定める外務員としての職務を行うものとし、会社は、外務員にその職務を遂行するために必要な業務を委任し、外務員は、これを受任するものとされる」（第1条）との「外務員委任契約書」が取り交わされ、外務員の営業活動においては、時間・場所について制限・拘束を受けず、会社から指揮命令を受けることもなく、他の会

社の役員や使用人となり或いは自営を行うことも自由とされ（10条4号）、更に外務員に対する報酬は、①1か月間の販売実績により翌月支払う比例報酬、②3か月間の販売実績により翌月以降の3か月間に支払う基礎報酬、③6か月間の販売実績により毎年6月と12月に支払う半期報酬（特別報奨金）とされていたケース。

判決は、次のとおり判示し労働者性を否定しました。

> このように報酬は販売実績に応じるということで出来高払い制によるものであり、各外務員の営業により会社が獲得した手数料のうち約50パーセントが報酬として支払われ、上記外務員委任契約は、当事者間において、形式上は委任契約として更新され、実質上においても支配従属関係はきわめて乏しいことなどから、雇用契約ないし雇用契約類似の契約ではなく、委任ないしは委任類似の契約と一応認められる。

＜類似判例＞
◉山崎証券事件・最一小判昭36.5.25民集15巻5号1322頁
◉岡安商事事件・大阪地判昭53.12.25労判313号付録15頁

2 労働者性が認められる場合

証券会社や保険会社の委託外務員でも、営業活動について会社から時間や場所の制限・拘束等の指揮命令を受け、報酬が固定給である場合などは、労基法・労契法の適用を受けます。

◉泉証券（営業嘱託）事件・大阪地判平12.6.9労判791号15頁
【事案】
証券協会の規則改正により、証券業務従事歴10年未満の場合に歩合外務員契約ができないこととなったため、歩合外務員育成のため設けられた営業嘱託制度が適用される外務員の労働者性が争われたケース。

判決は、下記のとおり判示し、労働者性を認めました。

　　　制度の趣旨からすれば、当然に営業嘱託契約を締結した者に対する被告の指揮監督が要求され、営業嘱託契約書にも出社義務や報告義務が明記されており、人事課長において、午前8時50分から午後4時までの営業専念、出勤簿の押印、時間中の外出や休務について届けを出すように指示するなど、現実に指揮監督がされており、また、報酬については、前述のとおり、固定給部分が存在している。これらによれば、本件営業嘱託契約は雇用契約であるというべきである。

＜類似判例＞

◉株式会社MID事件・大阪地判平25.10.25労判1087号44頁

　保険代理店と社員契約を締結して保険契約の勧誘・獲得・更新等の業務に従事していた外務員が、代理店からの業務遂行中一定の指示及び勤務時間・場所の管理を受け、代理店の業務を専属的に行っていたケースで、判決は「原告は被告を使用従属関係にあったということができるから、本件社員契約は労働契約に該当する」として、解雇予告手当と付加金の支払いを命じたケースがあります。

Q3 販売・仲介業務従事者

会社から業務委託を受けて商品販売や仲介業務などの営業活動をする者には労働基準法・労働契約法が適用されますか？

A 販売や仲介業務従事者の労働者性が争われた裁判例は多数あり、使用者の指揮命令の有無・強弱によって労働者性判断がなされます。

•••解説•••

1 労働者性が認められた場合

◉中部ロワイヤル事件・名古屋地判平6.6.3 労判 680 号 92 頁

【事案】

　洋菓子製造販売会社の委託を受けたパン等の販売員であるＸらは、会社が指示した区域を自家用車で顧客先を回って、注文を受けたパンを会社に発注し、それらのパンをＸらが買い取ったうえで配達し、販売実績に応じて手数料を得ていたが、価額はいずれも会社が定めたもので、新規開拓顧客も会社の顧客名簿に登録され、契約終了後は会社に引き継ぐものとされていたケース。

　判決は、以下のとおり判示し、労働契約であるとしました。

　　　Ｘらは、独立の事業主としてではなく、（中略）Ｙに従属してパン類の販売という比較的単純な作業に従事し……歩合給についても、パンの販売数量に応じて統一的かつ形式的に算出される実績点数に対して一定の金額を乗じて支払われる金銭給付であり、Ｘの労働の結果としての販売実績に応じて給付額が確定するものであり、ＸＹ間の契約は労働契約である。（同旨宮崎エンジンオイル販売事件・宮崎地判昭 58.12.21 判タ 538 号 213 頁など）。

＜類似判例＞

◉関西住研事件・大阪地判昭 3.7.27 労判 522 号 20 頁

【事案】

　不動産会社から委託を受けて仲介業務を行っていた原告は、業務で使用する自動車は原告名義であるものの、会社が買い与え、燃料代も負担していたが、会社に原則として毎朝9時に出社し、外勤中もポケットベルを持たされて会社から指示を受けて報告を義務付けられ、仲介報酬の 70% 相当を経費として会社が取得していたケース。

　判決は、次のとおり判示し、労働者性を認めました。

> 　　　　被告会社の原告に対する業務上の指揮監督の内容とこれに基づく原告の業務内容等を考慮するならば、その法的性質は雇用であると解すべきである。もっとも報酬算定の過程で、担当した不動産仲介業務の役割の評価につき原告ら従業員と被告との協議が介在する等の事情もあるが、全体としてみるならばその報酬は労務そのものの対価たる賃金という性質を失うものではない。

◉アクティリンク事件・東京地判平 24.8.28 労判 1058 号 5 頁

【事案】

　物件販売に応じて業務委託報酬である「実行手当」が支払われていた不動産会社の社員が、手当の支払いを求めたところ、会社側は実行手当は賃金の他に支払われ、従業員は事業所得として申告しており、しかも始業時と終業時の時間以外は従業員は拘束されていないとして争った。

　判決は、下記のとおり判示しています。

> 　　　　実行手当は、会社との間で使用従属関係にある従業員個人とその従業員が属するグループ全体の成果に対して支払われることが予定されているものであ」り、「実行手当が雇用契約関係を前提としている。

●ジョブアクセスほか事件・東京高判平 22.12.15 労判 1019 号 5 頁

【事案】

　派遣会社（Y1）との間の「業務発注依頼書」に基づき、共済会（Y2）で保険金の支払いや損害額の調査・評価等の業務に従事していた派遣社員が、査定業務の具体的な遂行方法・休暇取得方法等について細部に亘って細かい指示が派遣就労先（Y2）から出され、タイムカードは出勤簿による出退勤管理もなされていたケース。

　判決は、下記のとおり判示し、派遣先である共済会の職務がなくなっても、派遣元との労働契約は存続しており、整理解雇の要件を満たさず解雇は無効としました。

　　　労働契約か請負契約かは業務遂行の実態に即して判断されるべきものであり、業務遂行に当たっては就労先の指揮命令に従い、出退勤の管理もされていたという本件の事実関係の下においては、平成18年6月の契約当初から労働契約であったことが明らかである。

　なお、一審判決は派遣先である共済会の解雇により、原告と派遣元との労働契約は当然に終了したと判示しています。

●国・千葉労基所長（県民共済生協普及員）事件・東京地判平 20.2.28 労判 962 号 24 頁（同旨理建大阪事件・大阪地判平 28.2.4LEX/DB25542377）

【事案】

　県民共済の各種共済に関するパンフレットを担当地域の各家庭に配布する「普及員」が、担当地域に向かう途中で道路工事中の建設機械に巻き込まれて負傷したケース。

　判決は、下記のとおり判示し、労災認定しました。

　　　「具体的な仕事の依頼、業務指示等に対する諾否の自由はなく、普及員は、本件マニュアルや支部長により詳細かつ具体的な指示命令を受け、県民共済の業務上の指揮監督に従う関係が認められ、時間的場所的拘束性もあり、業務提供の代替性が否定されていることから」「原告を含む普及員は、県民共済という使用者との使用従属関係

の下に労務を提供していたと認めるのが相当であって、原告は、労基法 9 条にいう労働者にあたるというべきである。」

2　労働者性が認められない場合

◉パピルス事件・東京地判平 5.7.23 労判 638 号 53 頁

【事案】

コンピューターシステムのマニュアル等の作成販売を行っている会社から受託業務の営業活動の委託を受けていた原告は、業務内容が限定され月 20 万円の固定給を受けるほか、契約の企画制作等に関わった場合には受託に応じて報酬が支払われて、会社から時間管理や具体的な指示命令を受けず、会社以外の他の仕事も許容されていたケース。

判決は、次のとおり判示し、その労働者性を認めませんでした。

被告と原告との間に支配従属関係があるといえないから、本件契約は顧客のためにコンピューターシステムのマニュアル作成等の仕事の仲介営業活動等を行うことを内容とする業務委託契約である。

＜類似判例＞

◉アサヒトラスト事件・東京地判平 18.10.27 労判 928 号 90 頁［ダイジェスト］

【事案】

先物取引会社の登録外務員は、正社員とは区別された就業規則の適用のない登録外務員契約書に基づく契約であり、報酬も登録外務員報酬規程により歩合報酬を中心とした報酬支払方法によっており、大半は委託手数料の獲得度合いによるもので、出退勤時間の管理がなく、独立採算の観点から原告自身の責任において委託者との顧客取引を展開しているケース。

判決は下記のとおり判示しました。

「業界においては会社に従属しない登録外務員による顧客との営業が一般化している実態並びに原被告間における使用従属関係が正

　　社員とは厳然と区別されている状況」から、原告には「労基法の解
　　雇の制限規定そのものの適用はない」。

◉東海技術事件・大阪地判平 15.8.1 労経速 1863 号 3 頁
　住宅設備機器の販売、取付工事業の会社と業務委託し、工事等の勧
誘、募集に従事していた委託販売員につき、業務遂行の際に会社から
の具体的指示や勤務時間・場所の指示もなかったとして、労働者性を
否定したケース。
◉ AGORA TECHNO 事件・東京地判平 28.8.49 判タ 1433 号 186 頁
　営業支援業務を請負業務としていた原告につき、指揮命令がないと
して労働者性を否定したケース。

Q4 集金・検針業務従事者

ガス会社や電気会社などの集金・検針業務従事者には労基法・労契法は適用されますか？

A ガスや電気会社等の集金・検針業務従事者は、一般に場所的・時間的に拘束されて業務に従事することから、使用従属関係があるとして労働者性が肯定される傾向にあります。

•••解説•••

1 ガス会社等の集金・検針業務従事者

◉京プロ事件・大阪高判昭 62.2.26 労判 496 号 74 頁

【事案】

ガス会社の委託を受けて配送、検針、集金等の業務に従事する者らが、年休を取得したところ、賃金カットされたケース。

判決は、下記のとおり判示し、有給休暇手当並びに付加金支払いを命じています。

> 「（原告らは）被告（会社）による配送区域、配送先等の指示に従って、高圧ガス配送及び検針、集金等の業務に従事し、社内では準社員とされているものの、遅刻、早退の際の支給額控除の規定もある他、制服の着用等も義務づけられ、右被告の指示による業務以外の業務には従事しておらず、被告から受ける金員で生活をし」ており、「被告は、原告ら準社員のみで構成する労働組合と労働協約を締結するなどしており、また、原告らについても源泉徴収や雇用保険等の一部負担をしていることが認められる。以上によれば、被告と原告ら間に支配従属関係があることは明らかであって、その関係は雇用契約関係（厳密には労働契約関係）であると解するのが相当である。」

＜類似判例〜同旨＞

●日本瓦斯事件・鹿児島地判昭 48.8.8 労判 189 号 77 頁

●東洋ガス事件・東京地判平 25.10.25 労判 1087 号 5 頁

2 電力会社の場合

●九州電力事件・福岡地小倉支判昭 50.2.25 判タ 328 号 333 頁

【事案】

　電力会社の委託を受けている検針員について、判決は下記のとおり判示し、解雇無効と判断しています。

> 　　「契約の最も重要な内容である検針日、検針地区、検針枚数、手数料額等も、被告会社の一方的な決定事項であって、原告ら検針員は、これらを包括的に承諾するか否かを選択するほかはなく」、「検針員にはいわゆる自由裁量の余地は乏し」く、「就労時間には何らの定めがないというものの、前記のような事実上の制約があって、一般の従業員（社員）とほぼ同様に、少なくとも 7 ないし 8 時間業務に拘束され」「検針枚数及び手数料単価が一定していることにより、毎月の手数料収入は殆ど定額化されて一種の固定給的な性格をおび、かつその支給日も毎月一定しており、一般従業員の受ける賃金とさして変りのない実情にあ」り、「その実質においては、労働契約であり、原告は、労働基準法上の労働者の地位を有するものと認めるのが相当である。」

Q5 NHK「地域スタッフ」

NHK などの「地域スタッフ」には労基法・労契法は適用されますか？

A NHK から委託を受けて集金・検針等の業務に従事するいわゆる「地域スタッフ」については、一般的に時間的拘束や指揮命令、報酬の対価性の有無・強弱により「労働者性」の有無に関して判断が分かれていますが、「労働者性」を否定する判断が多くみられます。

••••解説••••

1　NHK の「地域スタッフ」

　NHK の受信料を徴収するいわゆる「地域スタッフ」（受信料検査・集金人）は、担当地域が決められ、顧客情報の入った端末（ナビタン）を貸与されて、訪問結果を記録するよう指導され、稼働時間の短いスタッフには特別指導が行われている一方、業務遂行の方法は集金人の自由裁量に委ねられており、兼業や他人による業務代替も認められ報酬も出来高で計算されている等の事情から、従来「労働者性」について判断が分かれていましたが、近年は労働契約関係とは認められない傾向にあります。

2　「労働者性」が否定されたケース

◉NHK 堺営業センター（地元スタッフ）事件・大阪高判平 28.7.29 労判 1154 号 67 頁（最三小決平 29.1.17 上告棄却、不受理により確定）

【事案】

　原告は、NHK の放送受信契約の取次方を業務内容とする有期（3 年）委託契約を 6 回更新し、15 年間業務に従事していたところ、業績不振を理由に契約を中途解除されたケース。

判決は、下記のとおり判示しています。

　　「第1審被告（NHK）は、地域スタッフに対し、継続的に指導・助言を行う体制を敷いているが、地域スタッフが第1審被告の指導・助言や特別指導に応じなかったとしても、そのために債務不履行責任を問われたり、経済的不利益を課されたりすることはなく、稼働日、稼働時間、訪問区域、経路等は、地域スタッフの裁量に基づき決定されている。したがって、地域スタッフが、業務の内容及び遂行方法について第1審被告の具体的な指揮命令すなわち業務遂行上の指導監督を受けているということはでき」ず、1日の稼働時間はスタッフの裁量に任されており、自らの判断で直行や直帰ができたことから、場所的・時間的拘束の程度は低く、再委託や兼業が許容されていた等から、労働契約関係とは認められず、解雇権濫用法理の適用等はない。

＜類似判例＞

◉NHK神戸放送局（地域スタッフ）事件・神戸地判平26.6.5労判1098号5頁

　この地裁判決は、仕事の依頼への諾否の自由がなく、業務遂行上の指揮監督や場所的・時間的拘束があり、兼業や第三者への再委託も事実上困難で、報酬にも基本給的部分や賞与も存在していたことなどから、労契法上の労働者性を肯定していましたが、同・控訴審大阪高判平27.9.11労判1130号22頁は、その認定・判断を覆し、労契法上の労働者性を否定しました（最三小判平28.3.8判例集未登載、上告棄却・不受理により確定）。

◉NHK西東京営業センター（受信料集金受託者）事件・東京高判平15.8.27労判868号75頁

◉NHK盛岡放送局（受信料集金等受託者）事件・仙台高判平16.9.29労判881号15頁

◉NHK千葉放送局事件・東京高判平l8.6.27労判926号64頁

Q6 外勤者と労働組合法

外勤者には、労働組合法は適用されますか？

A 労働組合法は、労働基準法や労働契約法と異なり、外勤者に広く適用されており、電力会社の委託集金人、水道事業の検針徴収員、簡易保険の委託集金人、NHK の受信料委託集金人について、労働基準法の適用がみとめられない場合でも、労働組合法上の労働者性を肯定されています。

・・・・解 説・・・・

1 外勤者と労組法の適用

●京国・中労委（NHK [全受労南大阪〈旧堺〉支部]）事件・東京地判平 29.4.13
（東京高判平 30.1.25）労判 1190 号 54 頁

【事案】

X（NHK）と委託契約を締結して放送受信契約締結の取次等の業務に従事していた「地域スタッフ」の労働組合の執行委員長を務めていたAが、Xから業務に従事する端末機器の貸与を取り消されて、返還を命じられたことなどについて、労組からXに対し、上部団体である堺労連の役員も同席しての団体交渉が申し入れられたが、Xがこれに応じなかったことから、救済命令申立を行ったところ、大阪府労委は、Xとの関係で、「地域スタッフ」は労組法上の「労働者」に当たるとしたうえで、本件団交申入れに対するXの対応は正当な理由のない団交拒否に当たるとの救済命令を発し、中労委もこれを求めた。

そこでXは、「地域スタッフ」は労組法上の「労働者」に該当しない等として、本件命令の取消しを求める訴えを提起したケース。

判決は、下記のとおり判示しています。

　労働組合法3条が、同法における労働者につき、労働基準法9条とは異なり「職業の種類、賃金、給料その他これに準ずる収入によって生活する者」と定義していることや団体交渉を助成するという労組法の趣旨を踏まえると、労組法上の労働者は労働基準法上の労働者よりも広く解し、労働契約によって労務を提供する者のみならず、これに準じて使用者との交渉上の対等性を確保するための労組法の保護を及ぼすことが必要かつ適切と認められる者をも含むと解するのが相当である。(中略) 以上によれば、地域スタッフは、事業継続に不可欠な労働力として原告の事業組織に組み込まれ、契約内容の重要部分は原告により一方的に決定され、その報酬には労務対価性が認められる。一方で、個別的な労務の提供について具体的な拘束を与え、あるいは指揮監督を行うという関係は見いだし難いものの、他方で、目標達成に向けて業務に関する事細かな指導を受け、目標達成に至らなかったときは委託業務の削減や本件委託契約の解約等の段階的な措置を講じられることが予定されているなど、その業務遂行が原告の相当程度強い管理下に置かれていることに鑑みれば、本件委託契約において委託された業務全体について、原告の業務依頼に応ずべき関係が存在し、その労務の提供について一定の拘束や指揮監督を受けている関係が認められる反面、顕著な事業者性を認めることはできない。

　これらの事情からすれば、地域スタッフは、原告との交渉上の対等性を確保するために労組法の保護を及ぼすことが必要かつ適切と認められるのであって、労組法上の労働者に該当すると解するのが相当である。

2　類似判例

●横浜市中央簡易保険払込団体連合会事件・神奈川地労委昭53.7.28 不当労働行為命令集64巻156頁

●日本放送協会事件・東京地労平4.10.20 不当労働行為事件命令集95巻373頁

第5章

「自営的・専門的」業務従事者

I
裁量的業務従事者

Q1 裁量的業務従事者と労働基準法

専門的業務従事者には、労基法は適用されるのでしょうか？

A 医師や弁護士、司法書士、会計士、一級建築士などの専門的能力、資格または知識を有する者でも、もっぱら特定事業主のために、その事業組織に組み込まれ、基本的には指揮命令下で労務を提供し報酬を得る関係にある場合、使用従属性が認められる者として、労基法上の労働者とされることになります。

••••解説••••

1 専門的・裁量的業務従事者

医師や弁護士、司法書士、会計士、一級建築士などの専門的能力、資格または知識を有する専門的・裁量的業務従事者は、従来独立自営業者として顧客との間で委任もしくは請負契約を結んで業務を遂行することが一般的でしたが、社会が複雑化し、企業間の競争が激しくなる中で、会社組織内での専門部門の充実化の必要性が高まるとともに、上述した組織内での専門的・裁量的従事者が増加しており、特定事業主に雇用されて業務を遂行する形態が多くなってきています（**図表5**）。

図表5 専門的・裁量的業務の労働者性

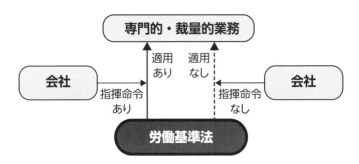

　これらの人々がもっぱら特定事業主のために、その事業組織に組み込まれて業務を遂行しているかぎり、たとえ個々の労務遂行自体逐一具体的な指揮命令を受けず独立して労務を提供している場合でも、基本的には指揮命令下で労務を提供し報酬を得る関係にあり、使用従属性が認められる者として、労基法上の労働者とされることになります。

2　労基法適用の可能性

　産業構造の変化に伴い、今日企業においても使用者の具体的な指示や指揮監督の及ばない専門性の高い業務や、労働者が自立的・主体的に労働する就業形態が増加するようになり、これらの労働者について厳格に労働時間を把握して規制を行うことが困難になってきたことから、労基法はこれらの労働者についても適用を前提として、労働時間制の例外として専門的・裁量的労働者に関する特則を定めており、具体的には労働時間が労働者の裁量に委ねられている場合の裁量労働・みなし労働時間制（専門業務型につき労基法38条の3、企業業務型につき同38条の4）、事業場外での業務従事時間が算定しがたい場合の事業場外みなし労働時間制（38条の2）、証券アナリストやコンサルタントなど専門的知識を有する一定以上の年収（現在1075万円）がある専門職につき、労基法上の労働時間、休憩・休日、深夜割増賃金規制対象外（年休は適用）とする高度プロフェッショナル制度（41条の2）があり、また労基法上の規定ではあるものの、所定労働時間を超えた残業時間部分に関するみなし残業制（固定残業代制度）などがあります。したがって労働者が業務遂行上使用者から具体的な指示を受けずに裁量的に業務遂行をしている場合であっても、そのことから当然に労基法上の労働者性が否定されることにはならないのです。即ち、前述したとおり、労基法適用の判断基準とされているもののうち、業務遂行上の具体的指揮監督の有無や拘束性の有無などは「労働者」性の判断にとって、必ずしも決定的要素ではないことを示しており、それだけに労働者性の判断がより困難になってきているのです。

医療等従事者

医師などの医療・保健従事者の労働者性はどのようなもの
でしょうか？

A 医師などの医療・保健関係者は、原則として患者等の顧客
との間で医療・保健行為等を内容とする準委任もしくは請負契約
を締結して業務に従事するのが一般的ですが、病院などで勤務し
て、時間的・場所的拘束を受けて業務に従事している場合、労働
者性が肯定されることがあります。

・・・解 説・・・

1　医師など医療・保健従事者

　医師などの医療・保健従事者でも、病院などで時間的・場所的拘束
の下に就労している場合には、労働者性が肯定されています。医療従
事者につき、専門的職業能力の養成過程における労務提供につき、例
えば大学病院で臨床研修を行っていた研修医の労働者性が認められた
次のケースがあります。

◉関西医科大学研修医（未払賃金）事件・最二小判平 17.6.3 労判 893 号 14 頁
【事案】

　関西医科大学を卒業し医師国家試験に合格したKが、大学病院（上
告人）で臨床研修中、平日は午前7時半から午後10時過ぎ頃まで勤務
し、休日も頻繁に呼び出されて勤務していたが、大学からは奨学金と
して月額6万円（手当1回1万円）が支給されたにすぎなかったところ、
研修中に急性心筋梗塞で急死したことから、Kの両親（被上告人）は、
労基法、最賃法を下回る賃金しか支払われなかったとして、法所定の
最賃額との差額等の支払請求をしたケース（なお、両親が別途訴えた、過

労死を理由とした損害賠償並びに年金相当額の損害賠償等訴訟はいずれも認められた）。

　最高裁は、下記のとおり判示し、労働者性を肯定しました。

　　　臨床研修は、医師の資質の向上を図ることを目的とするものであり、教育的な側面を有しているが、そのプログラムに従い、臨床研修指導医の指導の下に、研修医が医療行為等に従事することを予定している。そして、研修医がこのようにして医療行為等に従事する場合には、これらの行為等は病院の開設者のための労務の遂行という側面を不可避的に有することとなるのであり、病院の開設者の指揮監督の下にこれを行ったと評価することができる限り、上記研修医は労働基準法9条所定の労働者に当たるものというべきである。これを本件についてみると、前記事実関係によれば、本件病院の耳鼻咽喉科における臨床研修のプログラムは、研修医が医療行為等に従事することを予定しており、Kは、本件病院の休診日等を除き、上告人が定めた時間及び場所において、指導医の指示に従って、上告人が本件病院の患者に対して提供する医療行為等に従事していたというのであり、これに加えて、上告人は、Kに対して奨学金等として金員を支払い、これらの金員につき給与等に当たるものとして源泉徴収まで行っていたというのである。

　　　そうすると、Kは、上告人の指揮監督の下で労務の提供をしたものとして労働基準法9条所定の労働者に当たり、最低賃金法2条所定の労働者に当たるというべきであるから、上告人は、同法5条2項により、Kに対し、最低賃金と同額の賃金を支払うべき義務を負っていたものというべきである。

＜類似判例＞

　同様に、美容外科医が、病院経営のクリニックで「個人事業主」と登録されて就労していたが、勤務時間や勤務担当が定められていたケースでは、労働者性が認められています（メディカルプロジェクト事件・東京

地判平 30.9.20 労経速 2374 号 29 頁)。他方、会社の事業所内で診療を行う歯科医師について、出退勤管理が行われておらず、自ら歯科医師や衛生士を雇用していたケースでは、労働者性が否定されています(日本電気［歯科医師］事件・東京地判平 17.12.27 労判 906 号 94 頁)。

2 宗教関係者

　僧職・神職などの宗教関係者について、「①宗教上の儀式、布教等に従事する者、教師、僧職者等で修行中の者、信者であって、何等の給与を受けず奉仕する者等は労働基準法上の労働者でない。②一般の企業の労働者と同様に、労働契約に基づき労務を提供し賃金を受ける者は、労働基準法上の労働者である。③宗教上の奉仕あるいは修行であるという信念に基づいて、一般の労働者と同様の勤務に服し報酬を受けている者については、具体的な勤務条件、特に報酬の額、支給方法等を一般企業のそれと比較し、個々の事例について実情に即して判断する。」との通達があります（昭 27.2.5 基発 49 号）。

●住吉神社ほか事件・福岡地判平 27.11.11 労判 1152 号 69 頁［ダイジェスト］
　【事案】
　神社の神職（禰宜）が、管理的業務を行う宮司から勤務表に従って指揮を受けて事務作業等を行っていたところ、宮司とのトラブルから解雇されたケースで、神社の神職にある原告が、上司である宮司からパワハラ等を受けたうえで解職されたとして、労契法 16 条に基づき解雇無効等を訴えたケース。判決は、下記のとおり、労働者性が肯定されています。

　　　　原告は、被告神社によって、時間的場所的に拘束され、業務の内容及び遂行方法についての指揮監督を受けて、被告神社及び千代森神社の業務に従事させられていたということができる。他方、本件全証拠によるも、被告神社からの業務に関する指示について、原告が諾否の自由を有し、業務遂行における広範な裁量を有していたと

は認められない。」「原告は、被告神社の指揮監督の下、被告神社に対して労務を提供し、被告神社は原告に当該労務提供の対価としての賃金を毎月支払っていたことになるから、原告は、労基法及び労契法上の労働者に当たるというべきである。……以上によれば、被告神社が解職の理由として主張する事実は、いずれも証拠上認めることができず、被告神社による原告の解職は客観的に合理的な理由を欠くというべきであるから、上記解職は、解雇権を濫用したものであって無効である。」

＜類似判例＞

●実正寺事件・高松高判平 8.11.29 労判 708 号 40 頁

　寺の受付業務に従事していた職員の労働者性を認めて残業代請求を肯定した。

●妙應寺事件・東京地判平 22.3.29 労判 1008 号 22 頁

　寺院との契約が雇用契約であるとして労働者性を肯定したうえで解雇有効とされた。

Q3 セラピスト・マッサージ師（医療類似行為者）

セラピストやマッサージ師などの労働者性はどのようなものでしょうか？

A あん摩、マッサージ師等の医療類似行為者は、特殊技能であるとともにサービスの個別性が高く、個人事業主とみなされる傾向が強いのですが、治療院等とあん摩師等との間に実質的な使用従属関係がある場合には労働者性が肯定される場合もあります。

・・・解説・・・

1　セラピスト・マッサージ師（医療類似行為者）など

　あん摩マッサージ、指圧、鍼灸、柔道整復師、セラピストなどが施術する医療類似行為には、①法定の資格制度に基づいて免許を有する、あん摩マッサージ指圧師、はり、灸師、柔道整復師の4資格に加えて、②カイロプラクティックや整体など①以外の免許を有しない者が行う場合があります。

　これらの医療類似行為について、現在ではカイロプラクティック、アロマテラピー、リラグゼーションマッサージ、リフレクソロジー、ネイルサロン、アイメイクなど、審美的な観点も含めて人体に対する施術を行うサービスとして一括されるようになってきており、それに伴ってこれらの業種には、美容師、理容師等も参入するようになってきているのです。

　この点について厚労省は「医師の医学的判断および技術をもってするのでなければ人体に危害を及ぼし、又は危害を及ぼすおそれのある『医行為』ではないが、一定の資格を有する者が行わなければ人体に危害を及ぼすおそれのある行為」として、これらの行為が「医学的観点

から人体に危害を及ぼすおそれがあれば禁止処罰の対象となる」としています（平 3.6.28 医事第 58 号「医業類似行為に対する取扱いについて」）。

　最高裁も、HS 式無熱高周波療法を業とする者に対する、あん摩師、はり師、灸師及び柔道整復師法違反事件に関して、医業類似行為をした者が禁止対象として処罰されるのは、「人の健康に害を及ぼす虞のある業務に限定する趣旨と解しなければならない」旨判示しています（最判昭 35.1.28 刑集第 14 巻 1 号 33 頁）。

2　あん摩マッサージ師らの労働者性

　したがってこれらのサービス提供をする人々は、店舗や開店時間等の時間的場所的拘束が一定程度あるものの、いわば「師」と名のつく職業に象徴されるように、サービスの個別性が高く（例えば「カリスマ○○師」など）、使用者からの個々の指揮命令が希薄で、税金や年金手続などで個人事業主としての形式をとることが多いことから、原則として個人事業主とみなされる傾向が強いのです。

　しかしながら、あん摩マッサージ指圧、はり、灸師等が、治療院等に待機している場合には、治療院等とあん摩師等との間に実質的な使用従属関係があるとして労働者性が肯定されています（昭 36.4.19 基収 800 号）。

　裁判例でも十分な数のスタッフがいないことから、時間的拘束性が認められ、しかも歩合給であることから、業務拘束時間が 1 日 8 時間以下の場合、最賃法が定めた最低保障額以下となることがあるとして、判決は、次のように述べて最賃法、労基法の適用を肯定しています（イヤシス事件・大阪地判令元.10.24 労判 1218 号 80 頁）。

　　「原告らの業務従事時間については、本件各契約書に「委託時間は 1 日 8 時間から 10 時間を目途とする」と記載され、原告らに送付されたスタッフハンドブックにも「10 分前出勤を徹底」、「休憩は 8 時間勤務で 1 時間」「（※休憩中でも施術に入らなければいけない場合あり）」等の記載がある。」「加えて本件店舗に配置されたスタッフ

は、3名ないし4名であり、そのシフトにおいて、各日の労務を提供するのがそのうち2名又は3名であるところ、本件店舗においてスタッフ不足を理由に閉店できないから、休日の希望日が重なれば、どちらか一方が業務に従事せざるを得ない。また、例えば、2人体制の日にシフトで割り当てられた業務従事時間中に、中抜け（休憩や私用等の都合のために一時的に業務から外れること）すると、本件店舗の業務従事者が1人になる。このような人員体制の状況を考えると、原告らが自由に中抜けすることも困難である。」「さらに、原告らは、被告に対し、売上兼出勤簿において、客の人数や売上のみならず、出退社時間も報告していた。そうすると、仮にＦが原告らに対し、業務従事（出勤）を明確には指示していなかったとしても、原告らは、被告によって業務従事時間の拘束を受けていたと言わざるを得ない。」

●リバース東京事件・東京地判平 27.1.16 労経速 2237 号 11 頁

　近年増加している温泉施設等でボディケア等を行う「セラピスト」について、シフト表はセラピストの希望どおりとされ、業務遂行に関しても施設の指示を受けることなく、施術を担当しない時間は自由に過ごしていたケースで、労働者性が否定されています。

Q4 介護従事者

介護従事者に労基法の適用はありますか？

A ホームヘルパーや介護福祉士などの介護従事者は、一般に病院等で介護業務に従事し、上司からの指揮監督を受けていたり、対価として報酬が支払われることから、労基法上の労働者に該当するとされています。

•••解説•••

1　介護職従事者

近年コロナ禍の中でいわゆるエッセンシャルワーカーとして注目され、病院、介護老人保健施設、特別養護老人ホーム、デイケアセンターや障害福祉サービス事業所などで業務に従事する介護・社会福祉従事者は、主として身体上精神上の障害により日常生活に支障のある利用者（高齢者、障害者など）に対して、専門的知識や技術をもって必要な介護等を行い、一般にケアワーカーとも呼ばれ、現在約210万人が就労しています（2019年現在、厚労省調べ）。

介護職従事者には、介護保険法上の資格者としてケアプラン作成を行うケアマネージャー（介護支援専門員）、介護福祉士、ホームヘルパー（訪問介護員）などさまざまな職種の人々がいます。

2　介護職従事者の労働者性

介護職従事者は、介護に関する専門的知識と技術が必要とされていますが、一般に施設職員として業務に従事する際や、ホームヘルプサービスに従事する際にも、介護保険法上、詳細なサービス基準に基づいて事業所の指揮命令下で職務に従事し、業務遂行を行っていることから、原則として労働者性が肯定されています。

●医療法人一心会事件・大阪地判平 27.1.29 労判 1116 号 5 頁

【事案】

　原告らは、介護施設（C 苑）併設の病院で「業務請負契約書」を締結して看護師もしくは看護助手・ヘルパーとして、医師の指示の下でケアプランに従って診療介助業務等に従事していたケース。

　判決は、下記のとおり判示しています。

> 　　　当該契約が労働契約か否かの判断は、契約の形式や内容のみならず、実質的な使用従属性の有無を、労務提供の形態や報酬の労務対償性及びこれらに関連する諸要素をも勘案して総合的に判断すべきであり、原告甲野において業務従事の指示等について諾否の自由や代替性はなく、業務遂行上、上司から具体的な指揮監督を受けているといえる。
>
> 　　　原告乙山の業務内容は、C 苑での業務については、医師の指示の下で、被告事業所のケアプランに従って業務を遂行し、外来業務では医師の具体的な指示の下で診察介助業務に従事していたのであるから、これらの業務従事の指示等について諾否の自由や代替性はない。
>
> 　　　以上のとおり、原告甲野第 1 契約及び原告乙山契約は、労働契約であるというべきであり、原告らは、同契約期間中についても労基法 9 条の労働者として労基法の適用を受けることになる。

＜類似判例＞

●福生ふれあいの友事件・東京地立川支判平 25.2.13 労判 1074 号 62 頁

　同様に介護施設（B ホーム）の住み込みヘルパーについて、判決は下記のとおり判示しています。

> 　　　「原告（ヘルパー）は（B ホーム）本件要介護者とは契約関係になく、B ホームの指揮命令を受ける立場にあって、本件要介護者は、上記のとおり B ホームの色名リエの下で原告が提供する本件施設介護サービスおよびヘルパーサービスの利用者にすぎなかったと解するのが相当であ」り、「原告の労働に係る指揮命令関係は、被告（福

　生ふれあいの友）が自己と実質的な使用従属関係にある原告を、Ｂ
　ホームの指揮命令の下に置き、Ｂホームのために労働に従事させる
　ものであったと認めるのが相当である。」

●安田病院事件・大阪高判平 10.2.18 労判 744 号 63 頁、最三小判平 10.9.8
　労判 745 号 7 頁
【事案】
　基準看護制度導入により「付添婦」制度が解消される以前、紹介所
から派遣された付添婦が病院で就労中に「言動が意に合わない」とし
て病院から契約解除されたケース。
　判決は、下記のとおり判示しました。

　　控訴人（付添婦）は、三国紹介所に雇用され、同紹介所から安田
　病院に派遣された付添婦という形式がとられているものの、あくま
　でも形式だけのものであり……結局のところ安田病院を経営する被
　控訴人の指揮、命令及び監督のもとに安田病院に対して付添婦とし
　ての労務を提供し、安田病院がこれを受領していたものと評価する
　ことができるから、安田病院を経営する被控訴人との間に実質的な
　使用従属関係が存在していたものということができ……結局両者の
　間には黙示の労働契約の成立が認められるというべきである。

Q5 法律事務・コンサルタントなど

弁護士・税理士・コンサルタントの労働者性はどのようなものでしょうか？

A 弁護士、税理士、司法書士などの法律税務関係者、コンサルタントなどの事業運営アドバイザーなどが、会社などで時間的・場所的拘束を受けて業務に従事している場合、労働者性が肯定されることになります。

・・・解 説・・・

〈法律事務等従事者〉

　弁護士、司法書士、会計士など法律事務等従事者は、これまで一般に独立して自営業を営んでいることが多く、この場合労働者性は認められませんが、専ら特定事業主のために、事務所等でその事業組織に組み込まれて労務提供をしている場合、たとえ個々の労務遂行自体は、逐一具体的な指揮命令を受けず、独立して労務を提供している場合でも、基本的には指揮命令下で労務を提供し、使用従属性が認められる者として、労働法上の労働者とされることになります。

1 弁護士のケース

(1) 労働者性が肯定されたケース

　会社の法律事務を担当していた社員が、司法試験に合格し、その後嘱託弁護士として勤務し、給与が支払われていたケースにつき、労働者性を認めたB社（法律専門職）事件があります。

● B社（法律専門職）事件・東京地判平21.12.24労判1007号67頁

【事案】

原告会社の正規社員として勤務していた被告Yが司法試験に合格し

て2年間の司法修習後原告会社に再就職するに際して、①資格は嘱託とし、正社員に準ずる処遇を行う、②原告会社の正社員に適用される諸規則等に従い、誠意をもって業務を遂行する、③給与（賞与）は同年次大卒優秀者と同等の条件とし、給与とは別に弁護士としての特別加給を支給する、④保険など厚生関係はすべて正社員と同様の取扱いとする等の覚書を交わし、社内執務室を与えられて法律業務に従事し、昭和57年からは1年間とする契約を26回更新していたが更新拒否をされたケース。

　判決は、上記覚書に基づく被告・原告会社間の契約関係は、労働契約に当たるとしたうえで、下記のように契約終了に合理的理由があり有効と判示しています。

　　　「弁護士が法律業務を委任された場合、その処理の状況等について報告義務を負うが（民法645条）、この報告は委任契約に特有のものではなく、労働契約においても業務報告を労働者の業務内容の一つとすることはあり得ることであり、被告が上記の形態で業務報告を行っていたことは、同覚書に基づく被告・原告会社間の法律関係が労働契約であることと矛盾するものではなく、逆に、そのような態様で原告会社の監督が及んでいた」とし、「同契約の終了が社会通念に照らして不相当であるとはいえない。したがって、同契約は、本件契約終了通知により終了したものというべきである。」

(2)　労働者性が否定されたケース

●弁護士法人甲野法律事務所事件・横浜地川崎支判令3.4.27労判1280号57頁

【事案】

　弁護士事務所に勤務していた弁護士Ｙは、所長であるＸから在職中に、暴行・激しい叱責・蔑称を含むメールの送信・過大な要求・交際相手への接触等ハラスメント行為を長期間に亘り繰り返され、事務所退職を余儀なくされたところ、弁護士事務所並びにＸから、Ｙ担当事件に関する引継ぎ及びＹの個人事件に関する連絡・報告等を一切行わ

ず、原告の了解を得ないまま一方的に事務所を突然退職したとして、不法行為に基づく損害賠償請求をうけ、Yはこれに対して、YとXらとの間には使用従属関係にあり、Yは労働基準法上の労働者にあたるとして、原告事務所及び原告事務所の社員であるXに対し、雇用契約に基づき未払賃金（退職時までの2年分799万2000円）等の請求を行ったケース。

判決は、下記のとおり判示し、Yの労働者性を否定しつつ、Xに対する請求を認めています。

> 被告Yは、弁護士資格を有する者であり、弁護士の業務の性質上、裁量の幅が広いからといって、直ちに業務にかかる明確な指示がないとして指揮監督がないということになるものではないが、原告X事務所入所当初よりYの業務とXの法律関係は、雇用契約ではなく、業務委託契約または委任契約であったものというべきである。

2 公認会計士のケース

◉公認会計士A事務所（控訴審）事件・東京高判平24.9.14労判1070号160頁

公認会計士事務所で就労していた従業員が、税理士資格取得後出退勤管理が一切なくなり固定給（月11万円）のみが支払われていたところ、使用者とトラブルになって顧客の帳簿、契約書等の書類を持ち出して、事務所の株主らに交付したことを理由に契約解除されたケース。

判決は、下記のとおり判示し、労働者性を否定しています。

> 「控訴人が税理士資格を持つ独自の事業者であり、本格的に事業者としての活動をすることを前提にしており、被控訴人は、控訴人を他の従業員と異なる扱いをしていた」、「控訴人は税理士であるところ、税理士、税務に関する専門家として、独立した公正な立場で、租税に関する法令に規定された納税義務の適正な実現を図ることなどを使命とするから（税理士法1条）、（中略）専門家としての職務の中核部分では、労働契約で予定される指揮命令権とは馴染みにくい面があり、労働契約の認定にはある程度慎重であるべき」であり、

「控訴人と被控訴人との平成16年9月以降の契約関係は、雇用契約
ではなく、担当顧問先の会計事務等の事務処理のみを内容とする準
委任契約とみるのが相当である。」

3　コンサルタント

コンサルタントは、企業などに対して、財務、法務、ITなどの事業
運営に関する専門知識を基にアドバイス等を行う者であり、従来、公
認会計士、弁護士、中小企業診断士、税理士などが担ってきており、
近年キャリアコンサルタントが国家資格とされ（平成28年4月）、労働
者の職業選択や能力開発などの相談、指導業務に従事しています。次
のケースはその例です。

◉モーブッサン　ジャパン［マーケティング・コンサルタント］事件・東京
　地判平15.4.28労判854号49頁

【事案】

宝石等の輸出入販売業の会社（被告）に勤務していたフランス国籍
のマーケティングコンサルタント（原告）が、契約期間途中の解除を
争ったケース。

判決は以下のとおり判示し、契約解除を無効としました。

　　原告が社外の者という外形がとられていたこと、原告に対する報
酬はマネージャー報酬として源泉徴収されていたこと、原告は労働
時間の管理を受けていなかったことなど、労働者性を疑わせる事情
があるが、他方で、原告と被告は指揮監督関係にあり、原告が個々
の仕事に対して諾否の自由を有していたとはいえないこと、就業規
則や労基法の適用対象とすることが予定されていたこと、専属性の
程度が高かったことなどを総合すると、原告は、被告との間の使用
従属関係のもとで労務を提供していたと認めるのが相当であり、本
件契約は、労働契約としての性質を有する者と認められる。

Q6 カメラマン・照明技師など

カメラマンや照明技師などの労働者性はどうなるのでしょう？

A カメラマンや照明技師などは一般に、専門技術者として職務遂行に際して広範な裁量を持って、独立して業務に従事していることから、労働者性は否定される傾向にありますが、仕事依頼に対する諾否の自由が制限されていたり、業務遂行に際して時間的・場所的拘束がなされる場合などには、指揮命令があるとして労働者性が認められることがあります。

・・・解 説・・・

1 カメラマン・照明技師など

　カメラマンや照明技師などは、専門技術者として専門的知識、技能を有し、広範な裁量を有していることから、会社などとの間でも委任または請負契約を締結して、独立して業務に従事することが一般的ですが、諾否の自由が制限されたり、時間的・場所的拘束が強い場合などには、指揮命令があるものとして労働者性が肯定されることがあります。

2 労働者性が肯定されたケース

◉新宿労基署長（映画撮影技師）事件・東京高判平 14.7.11 労判 832 号 13 頁
【事案】
　フリーのカメラマンが、映画撮影技師としてロケ中に脳梗塞で死亡したケース。
　判決は、以下のように判示して、労働者性を肯定しています。
　　　映画制作においては、撮影技師（カメラマン）は、監督のイメージを把握して、自己の技量や感性に基づき、映像に具体化し、監督

は映画制作に関して最終的な責任を負うというものであり、本件映画の制作においても、レンズの選択、カメラのポジション、サイズ、アングル、被写体の写り方及び撮影方法等については、いずれも片桐監督の指示の下で行われ、亡甲野（カメラマン）が撮影したフィルム（カットの積み重ね）の中からカットの採否やフィルムの編集を最終的に決定するのも片桐監督であったことが認められ、これらを考慮すると、本件映画に関しての最終的な決定権限は片桐監督にあったというべきであり、亡甲野と片桐監督との間には指揮監督関係が認められる。

　（撮影技師が）いかに技術が高いからと言って、撮影技師が監督の指揮監督を離れて技術や裁量を発揮する権限まで有しているものと認めることはできないのであって、映画の撮影技師である以上、技術が高いとの理由で職務の独立性が強いとすることはできない（。）

＜類似判例＞

●エアースタジオ事件・東京高判令 2.9.3 労判 1236 号 35 頁

【事案】

劇団の小道具係を担当していた劇団員の労働者性が争われたケース。判決は、下記のとおり判示し、労働者性を肯定しました。

　本件劇団員が年間約 90 本の公演を行っていたこと、本件劇団との入団契約において、Xは裏方業務に積極的に参加するよう要請され、実際にも相当な回数の作業に参加していたこと、音響照明業務については各劇団員らが年 4 回程度担当するよう割り振りが決定され、Xらは割り当てられた公演の稽古と本番に音響照明の担当者として参加していたこと、XはY社の小道具課に所属しており、年間を通じて小道具をまったく担当しないとか、一月に一公演のみ担当するというようなことが許される状況にあったとはいえないこと、Xは公演の稽古や本番の日程に合わせて小道具を準備し、演出担当者の指示に従って小道具を変更することも求められていたことなど

からすると、Ⅹには上記裏方業務についての諾否の自由がなく、時間的・場所的拘束があった。

3 労働者性が否定されたケース

◉東宝事件・東京地判昭 57.6.24 労民集 33 巻 3 号 534 頁

　会社に長年勤務した後一端退職し、音響照明技師として再契約したカメラマンが、時間管理もなされず報酬も高額であったケースで、労働者性が否定されています。

＜類似判例＞

◉カノン工房事件・東京地判平 22.6.8LEX/DB25471282

　舞台照明技師につき、勤務シフトは会社の指示により諾否の自由はないものの、報酬は 1 日 2 万円で、業務従事は不規則で、1 か月に 3 〜 5 日程度のこともあったケースで、労働者性が否定されました。

設計業・翻訳業など

設計業や翻訳業など会社の委託を受けて業務を行っている
場合、労働基準法・労働契約法は適用されるのでしょうか？

A 設計業務や翻訳業など、自己の獲得したノウハウなどの自
営で専門業務を提供する者が、会社との業務委託に基づき、企業
から委託を受けて業務に従事している場合、時間的・場所的拘束
が弱い場合には、労働者と認められない可能性が高くなり、反対に、
事業者としての要素が弱かったり、時間的・場所的拘束が強い場
合には、労働者性が認められる可能性が高くなります。

・・・・解 説・・・・

1　自営的専門職

　設計業務・翻訳業など、自己の獲得したノウハウなどを自営で専門
業務を提供する者が、会社との業務委託に基づき、企業から委託を受
けて業務に従事している場合、時間的・場所的拘束が弱い場合には、
労働者と認められない可能性が高くなり、反対に、事業者としての要
素が弱かったり、時間的・場所的拘束が強い場合には、労働者性が認
められる可能性が高くなります。

2　労基法・労契法上の労働者性が認められない場合

●朝日新聞社事件・東京高判平 19.11.29 労判 951 号 31 頁
　新聞社で専属的に英字新聞の翻訳を担当していたフリーランス記者
につき、判決は「原稿料として報酬を支払う旨の契約、記事原稿の作
成業務を委託する契約を締結し、この者をフリーランスの記者として、
就業規則の適用がなく、勤務時間の制約、職務専念義務もない、英字
新聞における新聞記事の作成が、高度の専門性を要しその記事の確保

を目的に契約したもので、正社員とは異なる扱いをして」おり、「雇用契約によるものと認めることはできない。」として、労働者性を否定しています。

<類似判例>

◉さいたま労基署長事件・東京地判平 23.1.20 労経速 2104 号 15 頁

　社会福祉協議会等の要請により、県や市登録の手話通訳業務に従事していた非常勤職員が、頸肩腕症候群による労災請求をしたケースでは、依頼を拒否する自由や兼業が可能であり、強度の専門性があることから業務遂行方法に指揮命令関係を認めることもできないとして、業務起因性、労働者性いずれも否定されました。

◉ベルコ事件・札幌地判平 30.9.28 労判 1188 号 5 頁

　冠婚葬祭業の会社が、地域の営業担当者責任者を代理店主として業務委託契約を締結し、実際の葬祭実施や営業活動は代理店と労働契約を締結した従事者が行っていたケースで、代理店主の労働者性を否定し、代理店の従事者に対する会社の労働契約上の責任を否定した（本判決は、代理店主の労働者性を否定したケースとして批判が多い）。

3　労基法・労契法上の労働者性が認められた場合

◉ NOVA 事件・名古屋高判令 2.10.23 労判 1237 号 18 頁

　英会話学校などの講師が、学校と業務委託契約を締結して就労していても、学校からの指揮監督を受けて労務を提供し、対価として報酬が支払われ、専属性が高い場合などは、労基法上の労働者に該当するとされています。

　　業務遂行上の指揮監督について、「実際のレッスンに置いて具体的な会話内容をどのように導いていくかは、事柄の性質上個々の講師に任せられている部分があると推察されるものの、これは雇用行為であっても同様であると考えられるから、結局、Y 社は、X らに対

して雇用講師と同程度の業務遂行上の指揮監督を及ぼしていると認めるのが相当である」とし、また「社内資格についても研修を受けることを契約内容として義務付けていたのであるから（中略）講師が受講する研修を任意に選択できるものではなく、Y社の行っていた指揮監督の一環であると言わざるを得」ず、「服装の定めについても、さほど高度の指揮監督関係が見いだされるとはいえないが、雇用講師と同等の指示があるということができる」としています。

同旨河合塾［非常勤講師・出講契約］事件・福岡高判平 21.5.14 労判 989号 39 頁（最三小判平 22.4.27 労判 1009 号 5 頁）。

また全員参加型経営と称する学習塾講師も、就労実態から労働者性が肯定された類設計室（賃金減額）事件・大阪高判平 28.7.26 判例秘書 L07120920 などがあります。

●大平製紙事件・最二小判昭 37.5.18 民集 16 巻 5 号 1108 頁

会社との嘱託契約にもとづいて塗装の技術指導などを行う者について、判決は「Xの職務内容は、Y会社において塗装機械用の塗料製法の指導、塗料の研究であり、一般従業員とは異なり、直接加工部長の指揮命令に服することなく、むしろ同部長の相談役ともいうべき立場にあり、また遅刻、早退等によって給与の減額を受けることがなかったとはいえ、週6日間朝9時から夕方4時まで勤務し、毎月一定の基本給のほか時給の2割5分増の割合で計算した残業手当の支払を受けていた」として、労働法の適用を受くべき労働者であるとしています。なお、ヤマイチテクノス事件・大阪地判平 15.1.31 労判 847 号 87 頁［要旨］は、嘱託として設計業務などに従事した者の労働者性を肯定していますので、こちらも参照してください。

Q8 IT 関連技術者

システムエンジニア（SE）などの IT 関連技術者の労働者性
はどうなりますか？

A コンピューターソフトなどのシステム開発業務は、業務遂
行の裁量の大きい分野ですが、業界特有の多層性から、業務遂行
に加えて、諾否の自由や時間的拘束などを加味して、労働者性が
判断されます。

•••解 説•••

1 IT 関連技術者

　コンピューター等の IT 関連技術者は、特殊な技術を必要とする業
務を行うことから、専門的業務従事者の典型であり、一般に業務遂行
に際して使用者からの個別の具体的指示や指揮監督が及ばず、技術者
自身の裁量に基づいて業務遂行を行うことが多くなりますが、他方で
IT 業界特有の多層的な下請関係の中で、注文者からの注文に対する諾
否の自由が事実上なかったり、時間的拘束の強いケースも多いことか
ら、業務遂行に際して具体的な指揮監督のみならず、仕事の依頼、業
務指示等に対する諾否の自由や時間的・場所的拘束性の有無・程度を
加味して労働者性判断がなされることになります。

　したがって裁判例では、時間的・場所的拘束に加えて仕事依頼・業
務従事の指示等に対する諾否の自由がない場合には、労働者性が認め
られ、反対に仕事依頼・業務従事に対する諾否の自由があり、時間的
場所的拘束を受けなかったり他者の業務への従事が可能な場合などに
は、労働者性が否定される傾向にあります。

2　労働者性が肯定されたケース

◉株式会社羽柴事件・大阪地判平 9.7.25 労判 720 号 18 頁
【事案】
　被告会社は小規模経営で、汎用コンピューター用ソフト開発を一括受注することは不可能であったので、大手ソフト開発業者が発注元より一括受注したソフト開発の業務にコンピューター技術者を派遣していたところ、原告は、被告会社の指示により、発注元の関西電力で汎用コンピューター用ソフト開発の業務等に従事していたが、被告会社との契約を解除されたケース。
　判決は、以下のとおり判示しています。

　　　原告の労務提供の実態は、被告会社が原告とともに派遣した被告会社の従業員と全く差異がないこと、原告の従事した労務は他の多数のコンピューター技術者と協業して行う大型汎用コンピューター用のソフト開発であって、原告の労務は発注元から一括でソフト開発を受注した大手ソフト開発業者の指揮監督の下に、一労働者として提供されたものであること、右元請の大手ソフト開発業者は、原告を被告の技術者ないし派遣労働者と考えていたこと、被告会社の内部文書にも「派遣」と記載されていること、原告に対する給与は、月給制、時給制をとっていたこと等から、本件契約は雇用契約であったものと認めることができる。

＜類似判例＞
◉エグゼ事件・東京地判平 6.5.9 労判 659 号 4 頁
　コンピューターのソフト開発会社などからシステム開発を請け負って業務に従事するシステムエンジニア（SE）が、ソフト開発会社の顧客担当者から、出退勤時間を管理されながら就労していたケースで、SE とソフト開発会社の労働契約が認定されました（労基法、賃確法に基づき、賃金請求が認容）。

＜類似判例＞

◉タオヒューマンシステムズ事件・東京地判平9.9.26労経速1658号16頁
ゲームのプログラマーのケース。

3　労働者性が否定されたケース

◉アイティット事件・東京地判平13.10.29労判818号90頁

【事案】

　被告会社は、仕事を希望する者を名簿に登録しておき、取引先から技術者の提供を求められる都度、その者との間で業務内容や取引先との間の契約内容に応じて雇用（派遣労働）または請負（業務委託、開発委託等）の形態で契約を締結し、当該業務に従事させているところ、本件契約では、会計関係のソフトウェアシステムの開発を下請したケース。

　判決は、以下のとおり判示しています。

　　　原告は、本件契約の締結の際、事前に、本件契約の具体的業務が帳票印刷の2本のプログラムを1か月を目標に作成するものであり、原告はそのうちプログラミングを担当するという説明を受けており、原告が実際に行うべき業務の内容と範囲は具体的に特定されていた。原告の提供する労務は、高度の専門的知識や技術を必要とするものであるところ、本件契約には、検収や保証期間の定めがあり、仕事の完成の対価として報酬が支払われることが予定されていた。このように、原告が仕事が完成しない場合の危険を負う一方で、派遣労働や通常のシステムエンジニアの仕事の場合と比べて高額の報酬が定められていた。報酬は、1か月当たり定額とされ、契約上の作業時間を超える作業に従事しても残業代の支払いは予定されていなかった。報酬の支払い方法、公租公課の負担をみても、原告が雇用契約上の労働者と解するのを相当とする事情は認められない。以上によれば本件契約は、雇用契約（派遣労働）であると認めることはできない

＜類似判例＞

◉末棟工務店事件・大阪地判平 29.9.28 労判 1063 号５頁

　IT 技術者であるＸが、IT 関連事業を立ち上げた建設工事会社Ｙの事務所で使用する OA 機器や車等を自由に使用し、勤務時間が拘束されず、固定給として「基本給」20 万円を受給しつつ、仕事の進め方は一任されていたケースで、判決は「Ｘの業務内容については、Ｙ代表者が IT 関連事業について全くの素人であることから、ほぼＸの自由裁量に委ねられていたことが認められ」るとして、労働者性を否定しました。

Ⅱ
専門的労務提供者

Q1 運転業における備車運転手

備車運転手の労働者性とはどういうものでしょうか？

A 備車運転手は、自らが所有する車両を用いて、委託された業務を遂行することから、原則として労働者性が否定される傾向にありますが、実際には注文者である会社所有の車両を運転手が借り受けて（リースして）運転しているものが圧倒的に多く、労働者性についてはより慎重な判断が求められるべきです。

••• 解説 •••

1 運転手

運転業等における自動車運転手の労働者性については、昭和60年1月厚労省「労働基準法研究会報告（労働基準法の「労働者」の判断基準について）」において、自動車持ち込み（備車）運転手の労働者性が検討例として挙げられており、近年では、わが国はじめ諸外国でインターネットの発展によりいわゆるプラットフォーム事業者（仲介業者）が行う自動車運転手と利用者のマッチングサービスが法的問題とされるようになっており、運転業では従来から労働者性が問題となりやすい業界サービスといえます。

2 備車契約とは

備車（ようしゃ）とは、「備兵＋車＝備車」から生まれた造語で、運送会社が固定費を下げるために台数制限をし、繁忙期などで車両が不足したときだけ、下請や個人事業主の業者の車両を一時的に借り受けて輸送業務を行うことであり、荷主にとってのメリットは「緊急時の対応ができる」、運送会社にとっては「自社で対応しなくても安定した収入が獲得できる」等ですが、他方下請会社や個人事業主にとっては

緊急時等のスポット対応であるため、安定した収入確保につながらず、事故等の責任の所在があいまいになることが指摘されてきました。

3　備車運転手

　備車運転手は、通常自らが所有する車輌を用いて独立して業務を遂行し、運送会社と備車契約をした場合に、備車運転手として自らが所有する車両を用いて、委託された業務を遂行することを特徴としており、備車運転手の労働者性判断は独特の困難が伴います。

　備車運転手についての、労働基準法研究会報告の判断基準では、「高価なトラック等を自ら所有するのであるから、一応、『事業者性』があるものと推認される」とされ、したがって運送方法に対する業務上の指示についても、商品等を指定された場所に指定された時間に運送するという業務の性質上なされるものであり、指揮命令がなされていることを示すものではないとされたり、そのような指示により事実上時間的に拘束されているとしても、それは業務の性質によるものであり、指揮命令の下での拘束性を示すものとは言えないとの判断がなされる傾向にあります。

　しかしながら現実には個人事業主の備車契約は、大半が元請会社の専属で、会社所有の車両を運転手が借り受けて（リースして）運転しているものが圧倒的に多く、この場合、「備車」を前提とした上記考え方は妥当とはいえず、車両のリース代、ガソリン代等の経費を運転手が負担することから、労働者性についてより慎重な判断が求められるべきです。

4　労働者性が認められなかったケース

◉横浜南労基署長（旭紙業）事件・横浜地判平 5.6.17・最一小判平 8.11.28
【事案】
　自己所有のトラックを持ち込み会社の指示に従って製品等の輸送に従事していた運転手（備車運転手）が、運転中の事故につき労災保険法

上の労働者であるとして労災保険給付を請求したケース。

判決は、下記のように判示し、労働者性を否定しています。

> 上告人（傭車運転手）は、業務用機材であるトラックを所有し、自己の危険と計算の下に運送業務に従事していたものである上、A株式会社は、運送という業務の性質上当然に必要とされる運送物品、運送先及び納入時刻の指示をしていた以外には、上告人の業務の遂行に関し、特段の指揮監督を行っていたとはいえず、時間的、場所的な拘束の程度も、一般の従業員と比較してはるかに緩やかであり、上告人がA株式会社の指揮監督の下で労務を提供していたと評価するには足りないものといわざるを得ない。そして、報酬の支払方法、公租公課の負担等についてみても、上告人が労働基準法上の労働者に該当すると解するのを相当とする事情はない。そうであれば、上告人は、専属的にA株式会社の製品の運送業務に携わっており、同社の運送係の指示を拒否する自由はなかったこと、毎日の始業時刻及び終業時刻は、右運送係の指示内容のいかんによって事実上決定されることになること、右運賃表に定められた運賃は、トラック協会が定める運賃表による運送料よりも1割5分低い額とされていたことなど原審が適法に確定したその余の事実関係を考慮しても、上告人は、労働基準法上の労働者ということはできず、労働者災害補償保険法上の労働者にも該当しないものというべきである。

＜類似判例＞

●協和運輸事件・大阪地判平 11.12.17 労判 781 号 65 頁

　会社所有のタンクローリー車を利用しての運転であるものの、会社との間でわざわざ業務委託契約書を取り交わし、しかも勤務時間の制約がないケースで、労働者性が否定された。

●加部建材・三井道路事件・東京地判平 15.6.9 労判 859 号 32 頁

　自己所有のダンプ持ち込みの運転手の労働者性が否定されている。

●日本通運事件・大阪地判平 8.9.20 労判 707 号 84 頁

自己所有の軽貨物自動車の運転で労働者性が否定された。

5　労働者性が認められたケース

◉山昌〔トラック運転手〕事件・名古屋地判平 14.5.29 労判 835 号 67 頁

【事案】

　従業員が会社からトラックを買い受けて専用使用し、給与から償却していたが、その目的は車輌を「専属使用できる」点にあったというケース。

　判決は、以下のとおり判示し、労働者性が認められています。

> 　　　反訴被告（備車運転手）は、車両を反訴原告から買い受けて専属使用しているものの、当該車両が反訴被告名義にされることは予定されておらず、上記車両売買の目的としては、当該車両を、「専属使用できる」という点に重きが置かれていたと認められる。そして、反訴被告が、反訴原告の従業員として、反訴原告が受注した仕事のみに従事していたことについては争いがなく、反訴被告が労基法の適用を受ける労働者に該当することは明らかである。

＜類似判例＞

◉アサヒ急配事件・大阪地判平 18.10.12 労判 928 号 24 頁

　会社所有の社名入りの車輌を使用して、会社の指示で業務を行い、勤務時間の管理を受けて運送業務に従事していたケースで、労働者性が肯定された。

◉生興事件・大阪地決平 17.6.24 労判 900 号 89 頁〔要旨〕

　貨物車の購入代金は自らが負担したものの、使用者や保険契約は会社名義であり、運搬業務の大半は会社の指示によるケースで、労働者性が肯定された。

◉御船運輸事件・大阪高判平 15.11.27 労判 865 号 13 頁

　会社から仕事を受注して運送業務に従事し、採用、報酬、仕事内容その他指示を受けていたケースで、労働者性が肯定された。

Q2 建設業（建築工事・電気工事）における手間請（受）大工

建設業の手間請大工とはどういうものでしょうか？

A　「手間請け」とは、建築資材などの材料は工務店などの注文業者が提供し、労務提供者は労働力のみを提供する請負形式であり、大工などの労務提供者がグループの場合、世話人の大工（いわゆる「親方」）が、工務店との間で請負契約を結び、グループ間では世話人の親方と他の大工との間で、契約を結んで労務提供をすることになりますが、この場合実態に応じて大工が労働者とみなされる場合から対等の場合までさまざまです。

•••解 説•••

1　手間請（受）

　建築や電気通信工事などの建設業では、建築工事などを請け負った工務店や専門工事業者等と大工等の労務提供者との間で、一般に「手間請け」と呼ばれる請負契約が結ばれます。「手間請け」とは、仕事に費やす時間や労力を意味する業界用語であり、建築資材などの材料は工務店などの注文業者が提供し、大工などの労務提供者は労働力のみを提供する請負形式であり、建物を一棟建築する場合、大工などが一棟完成するまで○○円という形で請負うことが一般的です。

2　手間請大工の年収

　ちなみに住宅の建設や修繕の担い手である大工は、2022年未公表の国勢調査によると、30万人弱と過去20年間で半減しています。賃金水準などの待遇改善が遅々として進まず、若い世代が減り、高齢化が一段と進んでおり、雇用されている場合で約360万円、「一人親方」の

場合で約 420 万円にとどまり、いずれも電気工や鉄筋工など他の建設職人の年収を下回っています。

　大工などの労務提供者がグループの場合、世話人の大工（いわゆる「親方」）が、工務店との間で請負契約を結び、グループ間における世話人の親方と他の大工との関係は、実態に応じて親方が使用者とみなされる場合から対等の場合までさまざまですが、親方との間で使用従属性が認められる場合、労基法等の労働者性が問題とされることになります。

　なお建設業（建築工事・電気工事など）における手間請（受）大工の労働者性の判断基準につき、次の平成8年3月1日「**労働省専門部会報告**」を参照してください。

3　労基法上労働者性の判断基準（平成8年3月1日労働省専門部会報告（抄））

2(1)　指揮監督下の労働

イ　仕事の依頼、業務に従事すべき旨の指示等に対する諾否の自由の有無

　具体的な仕事の依頼、業務に従事すべき旨の指示等に対して諾否の自由があることは、指揮監督関係の存在を否定する重要な要素となる。他方、このような諾否の自由がないことは、一応、指揮監督関係を肯定する要素の一つとなる。

ロ　業務遂行上の指揮監督の有無

　(イ)　業務の内容及び遂行方法に対する指揮命令の有無

　　設計図、仕様書、指示書等の交付によって作業の指示がなされている場合であっても、当該指示が通常注文者が行う程度の指示等に止まる場合には、指揮監督関係の存在を肯定する要素とはならない。他方、当該指示書等により作業の具体的内容・方法等が指示されており、業務の遂行が「使用者」の具体的な指揮命令を受けて行われていると認められる場合には、指揮監督関係の存在を肯定する重要な要素となる。

ハ　拘束性の有無

　勤務場所が建築現場、刻みの作業場等に指定されていることは、業務の性格上当然であるので、このことは直ちに指揮監督関係を肯定する要素とはならない。

勤務時間が指定され、管理されていることは、一般的には指揮監督関係を肯定する要素となる。

二 代替性の有無

本人に代わって他の者が労務を提供することが認められている場合や、本人が自らの判断によって補助者を使うことが認められている場合等労務提供の代替性が認められている場合には、指揮監督関係を否定する要素の一つとなる。他方、代替性が認められていない場合には、指揮監督関係の存在を補強する要素の一つとなる。

(2) 報酬の労務対償性に関する判断基準

報酬が、時間給、日給、月給等時間を単位として計算される場合には、使用従属性を補強する重要な要素となる。報酬が、1㎡を単位とするなど出来高で計算する場合や、報酬の支払に当たって手間請け従事者から請求書を提出させる場合であっても、単にこのことのみでは使用従属性を否定する要素とはならない。

　親方と大工との間の契約が形式的には請負または委任契約等の形式がとられていても、上記の判断基準に照らし、実態として使用者の指揮監督の下で労働し賃金を支払われているという関係が存在すると認められる場合には、労基法上の労働者に該当することになります。なお、行政解釈では、純粋な請負契約に基づき施設の修理を請け負う大工は、その業務を注文主から独立して処理するものである限り、労基法上の労働者にはあたらないとされています（**昭 23.1.9 基発 14 号、昭 23.12.25 基収 4281 号、昭 63.3.14 基発 150 号、平 11.3.31 基発 168 号など**）。

Q3　手間請大工の労働者性

手間請大工の労働者性はどうなりますか？

A　手間請大工が親方の大工と工事について請負契約を結んだ場合、親方との間などで使用従属性が認められる場合、労基法等の労働者性が問題とされることになります。

••• 解 説 •••

1　手間請大工の労働者性

手間請大工は、一般に「親方」や工務店などとの間で、手間請と呼ばれる請負契約を結びますが、実態に照らして親方との間などで使用従属性がある場合、労基法等の労働者性が問題とされることになります。

2　労働者性が否定されたケース

◉藤沢労基署長（大工負傷）事件・最一小判平 19.6.28 労判 940 号 11 頁

【事案】

「会社一本」と呼ばれる、作業場を持たずに、他人を雇わず、1 人で工務店の仕事を請け負う形態で稼働する大工である上告人（原告、控訴人）Xが、マンションの内装工事に従事中、右手指 3 本を切断する負傷を被ったことについて、被上告人（被告、被控訴人）Yに対し、労災保険法に基づき療養補償給付および休業補償給付の申請をしたところ、労災保険法上の労働者ではないとの理由で不支給処分（本件処分）を受けたケース。

判決は、下記のとおり判示しています。

上告人は、前記工事に従事するに当たり、T工務店はもとより、H木材の指揮監督の下に労務を提供していたものと評価することはできず、H木材から上告人支払われた報酬は、仕事の完成に対して

支払われたものであって、労務の提供の対価として支払われたものとみることは困難であり、上告人の自己使用の道具の持込み使用状況、H木材に対する専属性の程度に照らしても、上告人は労働基準法上の労働者に該当せず、労災保険法上の労働者にも該当しないものというべきである。

＜類似判例＞

◉藤西野田労基署長事件・大阪地判昭 49.9.6 訴月 20 巻 12 号 84 頁

　グループで建設工事を請け負っていた親方への労災保険の適用を否定。

◉大内労基署長（西日本建産）事件・髙松地判昭 57.1.21 労判 381 号 45 頁

　グループで板金工事を請け負っていた一人親方への労災保険の適用を否定。

◉日田労基署長事件・福岡高判昭 63.1.28 労判 512 号 53 頁

　山林作業の山仙頭への労災保険法の適用を否定。

3　労働者性が肯定された例

◉佐藤スレート建材事件・東京高判昭 56.8.11 判時 1043 号 145 頁

【事案】

　地上約 6.1 メートル、勾配 26 度、母屋の間隔約 1 メートルの農業倉庫の屋根上でスレートを葺く作業をしていたスレート工（高木）が屋根上から転落して死亡した事案について、右倉庫の屋根および側壁のスレート工事を下請けした被告会社が、防網を張るなど労働安全衛生法上の措置を講じる義務を怠ったとして、刑事責任を問われたケース。

　判決は、以下のとおり判示しています。

　　　被告会社では、高木好男を専属支配下におき、しかも高木らに作業させる際、本件の場合を含め、作業現場に一括指示をしていたものの、その指示も一般的なものではなく、工事実行予算書に基づき、私用する資料の品名、寸法形状、数量、単価、工賃諸経費まで極め

て詳細かつ具体的に指示する一方、その資材を自ら調達して提供し、作業の遂行についても具体的に指示するはもとより、危険防止についても相当程度注意を与えていたのであって、高木らとしては、その指示に基づき、所与の仕事を完成させているに過ぎず、したがって、高木が被告会社から独立した事業主体であるとは認められないし、事業計画、危険負担の点でもその主体であったとは到底いえないうえ、作業の遂行に当たっても被告会社から具体的な指揮監督を受けていたことは明白であり、また、出来高払制の報酬を受けていたが、その金額には危険防止に要する費用が含まれていないばかりか、その実質は労務の対償として支払われていたにすぎないと認定することができる。以上のような事実関係の下においては、高木と被告会社との間には使用従属関係の実態が存したものといって妨げなく、したがって、高木を労働安全衛生法上の労働者と認めるのが相当である。

＜類似判例＞
◉佐伯労基署長（城井興業）事件・大分地判昭63.8.29労判524号6頁
　自己の工具類を使用して、日当で作業していた石工に対する元請企業の労基法上の災害補償責任が肯定された。本件では、機械類は会社の所有であり、1月に3回程度会社の社長が指示をしており、勤務時間も定められていたこと等から労働者性が肯定されている。

Q4 一人親方

一人親方の労働者性はどうなりますか？

A　建設業等のいわゆる「一人親方」は、一般に注文者から作業方法等の具体的な指示を受けずに仕事を遂行することから、労働基準法上の労働者性が否定される傾向にありますが、工務店や親方などから具体的な指示を受けて作業を行う場合、労働基準法上の労働者性が肯定されることがあります。

•••解説•••

1　一人親方

　一人親方とは、自分以外の労働者を使用せずに自分自身と家族などだけで建設業の事業に従事する大工のことで、2019 年時点において約15 万人、建設従事者全体の 15.6% を占めています。建設業では、一般に大工には 4 つの職階があり（見習い・職人・一人親方・親方）、見習いとして職人への道へ足を踏み入れ、技術を習得し職人として一人前になったのち、親方の元から独立した段階が一人親方と呼ばれ、独立はしても自身の職人はまだ抱えておらず、一人親方になるまでには 10 年かかるといわれ、その後職人を雇入れ、事業としての体裁を構えている段階が親方で、事業の経営をし、工事を差配するといったマネジメント業務をこなすことが求められます。

　現代においては、施主は工務店に対し、住宅建設を一括発注することが通常ですが、それを受けて工務店はさまざまな専門業者に個々の工事を発注する仕組みは変わりなく、また、短期的に多数の職人が必要になる工程があり、その場合には、他の業者ないし職人個人を応援に呼ぶことになり、このように専門技能を要求されることと仕事量が工期を通じて一定していないことが、一人親方などに対するニーズに

なっています。

　ちなみに、後述の労災保険の特別加入制度では、一人親方等として、建設業の他に、林業従事者、職業ドライバー、漁業従事者、医薬品の配置販売業者、廃棄物処理業者、船員が挙げられています。

2　一人親方の労働者性

　建設業等のいわゆる「一人親方」については、グループで工事を請け負う場合も、世話人である親方から一定程度の指示を受けますが、作業方法等については、注文者から具体的な指示を受けずに仕事を遂行し、道具類もグループで保有するものを使用することが多いことなどから、労基法上の労働者性を否定する裁判例が多いです。

●藤沢労基署長事件・最一小判平 19.6.28 労判 940 号 11 頁（→本章 Q3）

　一人親方の大工が負傷したケースで、労働者性を否定しています。

●国・川越労基署長（C工務店）事件・大阪地判平 28.11.21 労判 1157 号 50 頁

　工務店から請け負って神社等の修理を行っていた宮大工が転落死したケースにつき、工務店からの指揮命令がなく、報酬も労務対償性があるとはいえない等として、労働者性が否定されています。

　しかしながら工務店や親方などから具体的な指示を受けて作業を行い、決められた勤務時間と勤務場所で働き、作業に用いた機械類は全て工務店等から提供され、その就業期間中、当該作業現場のみで専属的に働いていたといった場合には、労基法上の労働者性が肯定されることがあります（佐伯労基署長（城井興業）事件・大分地判昭 63.8.29 労判 524 号6頁）（→本章 Q3）。

　なお、これらの大工・親方等については、報酬が出来高払で計算され支払われていることが多いのですが、このことのみでは労働者性を否定する決定的な要素とはならず、他の諸事情を総合考慮して労働者性が判断されます。

3 社会保険の加入に関する下請指導ガイドライン改訂 （抄、令和4年4月1日）

　建設業では、大手事業者が法定福利費等の労働関係諸経費の削減を意図し、労働者性の強い建設工事従事者を一人親方化するケースが多く存在することから、国土交通省は次のような改訂ガイドラインを発して、対策を講じています。

第2　元請企業の役割と責任

(9)　一人親方の実態の適切性の確認

　建設工事の現場には、従業員を雇っていない個人事業主として、自身の経験や知識、技能を活用し建設工事を請け負い報酬を得るいわゆる「一人親方」という作業員がいる。元請企業は労災保険料の適切な算出や、令和6年4月1日以降に適用される時間外労働規制の導入への対応に向けて、当該作業員が、工事を請け負う個人事業主として現場に入場するのか、実態が雇用契約を締結すべきと考えられる雇用労働者として現場に入場するのか十分確認することが必要である。

　具体的には、一人親方として下請企業と請負契約を結んでいるために雇用保険に加入していない作業員がいる場合、元請企業は下請企業に対し、一人親方との関係を記載した再下請通知書及び請負契約書の提出を求め、請負契約書の内容が適切かどうかを確認するとともに、一人親方本人に対し、現場作業に従事する際の実態を確認すること。

　一方、社会保険加入対策や労働関係法令規制の強化に伴い、法定福利費等の労働関係諸経費の削減を意図しての一人親方化が進むことは、技能者の処遇低下のみならず、法定福利費を適切に支払っていない企業ほど競争上優位となることにより、公平・健全な競争環境が阻害される。そこで、元請企業は、明らかに実態が雇用労働者でもあるにもかかわらず一人親方として仕事をさせている企業は、社会保険関係法令、労働関係法令や税法等の各種法令を遵守していないおそれがあることに留意すること。実態が雇用労働者であるにもかかわらず、一人親方として仕事をさせていることが疑われる例としては次のような場合が考えられる。

ア　年齢が10代の技能者で一人親方として扱われているもの

イ　経験年数が3年未満の技能者で一人親方として扱われているもの

ウ　働き方自己診断チェックリストで確認した結果、雇用労働者に当てはまる働
　　き方をしているもの

事業主が労務関係諸経費の削減を意図して、これまで雇用関係にあった労働者を
対象に個人事業主として請負契約を結ぶことは、たとえ請負契約の形式であって
も、当該個人事業主が実態に照らして労働者に該当する場合、偽装請負として職
業安定法（昭和22年法律第141号）等の労働関係法令に抵触するおそれがある
ことから、この観点からも働き方自己診断チェックリストを活用して実態の確認
を行うこと。

Q5 バイク便・メッセンジャーなど

バイクや自転車などを用いて配達業務に従事する者に、労基法、労組法の適用はありますか？

A 会社から委託を受けて、自転車やバイクなどを用いて配達・集荷・商品受注などの業務に従事する者の労働者性が争いとなることがあり、この場合も場所的・時間的拘束性などを指標として労働者性が判断されることになります。なお、労組法上の労働者について争いとなることがあります。

・・・解 説・・・

1 バイク便・配達業等従事者

会社から委託を受けて、自転車やバイクなどを用いて配達・集荷・商品受注などの業務に従事する者の労働者性が争いとなることがあり、この場合も場所的・時間的拘束性などを指標として労働者性が判断されることになります。従来は新聞配達などに従事することが大半でしたが、近年は急ぎの場合、宅配便に代わって書類や小型の荷物をバイクを用いて配達する、いわゆるバイク便や、自転車を用いて近距離の配達をする自転車便（メッセンジャー）などが普及しており、さらにウェブ上のプラットフォーマーによる料理などの配達サービス（ウーバーイーツや出前館など）が普及しており、これらの労働者性が問題となっています（→第11章）。

2 労基法上の労働者性

(1) 通達など

会社との間で携帯電話やバイク・自転車を持ち込んで業務請負契約を締結しているバイク便等従事者は、契約上は諾否の自由や兼業は禁

止されていないものの、実態は指示を拒否できず、配送経路も『最短距離』が指示され、スマートフォンを保持し配送の報告発信が義務付けられる等、事業者からの指揮・管理は強く、出勤日・出勤時間が各従業者ごとに定められて、配送業務1件あたりの配送処理時間が定められ、営業所への出所と帰所が義務付けられ、配送後は『その場で待機』等、出勤簿により日々の出退勤時刻が管理され、時間的・場所的拘束性があるケースで、厚労省は「使用従属関係が認められるため、労基法9条の労働者に該当する」と通達を出しています（平19.9.27基発第0927003号「バイシクルメッセンジャー及びバイクライダーの労働者性について」）。

　さらに厚労省は、令和3年8月3日通達（基発0803第1号）で、ITフリーランスに労災保険の特別加入を拡大すると共に、バイク便等従事者も特別加入者に含めることとし、その際、労働者性の判断に当たっては、上記平成19年9月27日付基発第4号「バイシクルメッセンジャー及びバイクライダーの労働者性について」を参考にすることとの注意が付されています。

(2)　裁判例

　バイシクルメッセンジャーと営業所長を兼務していた従事者のケースについて、判決は前者につき、

　　　メッセンジャーの労務提供の実態は、被告（会社）から配送業務の遂行に関して、指揮監督を受けているとも、時間的、場所的拘束を受けているともいえず、メッセンジャーが被告から現実的かつ具体的に支配され、被告に従属しているといえる関係は認められないこと、メッセンジャー報酬の額は、配送業務に従事した時間や配送の具体的内容などの事情と連動して定められるものとなっておらず、いわゆる出来高払方式により定まり、これが支払われていること、他方、メッセンジャーには個人事業者性を裏付ける事実関係が認められることからすると、メッセンジャーは、労働基準法上の労働者に該当するとはいえない

旨判示した、ソクハイ事件・東京地判平22.4.28労判1010号25頁があ

ります。

3 労組法上の労働者性

労組法上の労働者性について、上記ソクハイ事件は、次のような判断をしています。

都労委への出頭が所長解任の理由となった点につき、中労委は、本件メッセンジャーを労組法上の労働者に当たるものとし、さらに本件営業所長は「メッセンジャー業務の傍ら、メッセンジャーの監理業務を行っている者であるから、労働組合法上の労働者であ」り、「同法の保護の対象となる」としたうえで、所長解任（同法7条1・4号）および解任後の処遇に関する団交拒否（同条2号）について、不当労働行為に該当するとしています（**中労委平22.7.7命令・別冊中時1395号1項**）。

> 1 メッセンジャー即配便と称し自転車を用いて書類等の配送業務を行う会社の配送員（以下「メッセンジャー」）は、労組法上の労働者に該当するか（争点(1)）について
>
> (1) 労組法3条にいう「労働者」は、労働契約法や労働基準法上の労働契約によって労務を供給する者のみならず、労働契約に類する契約によって労務を供給して収入を得る者で、労働契約下にある者と同様に使用者との交渉上の対等性を確保するための労組法の保護を及ぼすことが必要かつ適切と認められるものをも含む、と解するのが相当である。
>
> (2) 本件のように会社との業務委託（請負）の契約形式によって労務を供給する者にあっては、(A)①当該労務供給を行う者達が、発注主の事業活動に不可欠な労働力として恒常的に労務供給を行うなど、いわば発注主の事業組織に組み込まれているといえるか、②当該労務供給契約の全部又は重要部分が、実際上、対等な立場で個別的に合意されるのではなく、発注主により一方的・定型的・集団的に決定しているといえるか、③当該労務供給者への報酬が当該労務供

給に対する対価ないしは同対価に類似するものとみることができるか、という判断要素に照らして、団交の保護を及ぼすべき必要性と適切性が認められれば、労組法上の労働者に該当するとみるべきである。

他方、(B)当該労務供給者が、相応の設備、資金等を保有しており、他人を使用しているなどにより、その業務につき自己の才覚で利得する機会を恒常的に有するなど、事業者性が顕著である場合には、労組法上の労働者性は否定されることになる。

(3) 本件メッセンジャーの労働者性を検討すると、①メッセンジャーは会社の企業組織から独立した立場で本件書類等配送業務の依頼を受けているのではなく、会社の事業の遂行に不可欠な労働力を恒常的に供給する者として会社の事業組織に強く組み込まれており、②メッセンジャーの報酬等の契約内容は会社が一方的・定型的・集団的に決定しているといえ、③メッセンジャーの収入は、本件書類等配送業務に係る労務供給に対する対価であるとみるのが相当である。

他方、メッセンジャーは、配送業務の手段の一部を所有し、経費を一部負担しているが、それらは事業者性を基礎づけるものとはいえず、むしろ自己の才覚で利得する機会は全くない点で、事業者性は認めがたい。

以上からすれば、メッセンジャーは、労働契約又は労働契約に類する契約によって労務を供給して収入を得る者として、使用者との対等な交渉を確保するための労組法の保護を及ぼすことが必要かつ適切であると認められ、労組法上の労働者に当たる。

Q6 フードデリバリーサービス

Aさんは、コロナ禍で失業したことから、今人気のウーバーイーツでバイク配達をしていたところ、軽自動車に衝突して全治3か月のケガをしたので、会社に休業中の保障を請求したところ、2か月分の見舞金（1日7500円）の支給を受けましたが、問題はないのでしょうか？

A　わが国でのフードサービスを含むフリーランスは、自営業者とされて労働者とはみなされず、最低賃金や雇用保険などは適用対象外とされていますが、EUはじめ諸外国では、労働者として法的保護の対象とする動きが広まっています。ウーバー配達員をはじめとする、いわゆるギガワーカーに対する法的保護、とりわけ最低賃金、雇用保険、労働者災害保険法は早急に適用して、雇用と安全な就労保障システムを整備すべきです。

・・・解説・・・

1　フードデリバリーサービス

　スマートフォンのアプリで、「配達パートナー」と料理の注文者（もしくは登録している飲食店）を結びつけるフードデリバリーサービスは、コロナウイルスの蔓延防止の中で、在宅勤務の増加に伴い「持ち帰りサービス」等の需要が高まり、現在世界中で急速に普及しています。

2　フードデリバリーサービスの特徴

　ウーバーに代表されるフードデリバリーの特徴は何と言ってもその手軽さにあると言えるでしょう。利用者はスマホで簡単に料理を注文し、しかも安い手数料で利用でき、他方「配達パートナー」は、自分の空いている時間と自転車（バイクなど）を配達サービスに充てること

によって収入を得ることができ、いわば気軽な副業としての魅力もあ
ります。このようなフードデリバリーは、個人の労働力と料理を注文
したい人（もしくは飲食店）とを結びつけることにより、新たな市場を
生み出しているとして、今やギグエコノミーの代表的存在となってい
るのです。

　ここでの「配達パートナー」は、会社（ウーバーイーツ）との間で請
負契約を結び、配達が完了すると、プラットフォーム事業者（Uber）
などから支払われる報酬は、配達距離等によって異なりますが、例え
ば東京や大阪の場合、1時間当たり2～4件配達して追加報酬を含め
ると時給1,200～1,600円程度と言われ、1日中配達をすれば日給1万
円を簡単に超えることも可能とされています（**図表6**）。

図表6 ウーバーイーツの仕組み

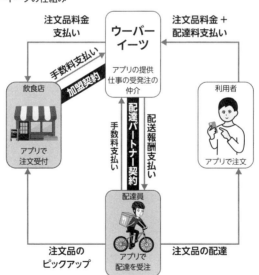

　「配達パートナー」と事業者との関係は請負契約であり、個人事業主
とされていることから、労働者ではないものと理解されてきました。
したがって各国でも、これまで配達人に対しては労働諸法規等の適用

がなく、配達人は最低賃金、年休制度、割増賃金や労災保険、失業保険の受給対象とならず、自転車の整備費（又は車輌費、燃料費、駐車代、保険料等）全ての経費は全て個人負担とされてきていました。

3　配達事故の補償は？

　本件では会社（ウーバー）と配達員との関係が請負契約であることから、労働者として扱われず、したがって労災保険法は適用されず、配達員は治療費を民間保険に頼るしかなく、その間就業できなくなっても、生活に必要な休業補償もありません。

　これに対して会社に雇われている人であれば、加入している車両保険の担当者が示談交渉を行い、ケガを負った本人も労災保険によって満額の治療費が支給され、休業中も生活費も給与の80％が仕事に復帰するまで支給されることになります（直近3カ月の平均賃金の80％）。またケガが治っても障害が残れば障害補償年金や、死亡した場合は遺族に年金または一時金が支給され、さらに仕事に行く途中や帰宅中に事故にあっても同様の補償が受けられます（通勤災害）。

　この補償は正社員に限らず、アルバイトやパートも受けられ、そば屋の出前持ちのアルバイトでも労災補償が受けられ、労災保険は従業員を雇っている事業主に加入義務があり、仮に事業主が加入していなくても雇われていれば補償を受けられるのです（→第2章 Q1 参照）。

4　東京都労働委員会は配達員を労働者と認定（東京都労委令 4.10.4（労判 1280 号 19 頁））

　わが国では前述のとおりフードサービスを含むフリーランスは、自営業者とされて労働者とはみなされない中で、ウーバーイーツの配達員たち（2019 年結成、ウーバーイーツユニオン）がウーバーイーツ・ジャパンとその受託会社のウーバー・ジャパンに上記事故の際の配達パートナーに対する補償やアカウント停止措置の基準などについて、団体交渉の申入れをしたところ、ウーバー側は、配達パートナーが日本の労組法上の労働者に該当しないとし、団体交渉の要求を拒否しました。

これに対して都労委は、配達パートナーの労働組合法上の労働者性を肯定したうえで、次のように述べて団体交渉に応じるよう命じており、デジタルプラットフォームを介した就労者の労働者性が正面から肯定された初めての命令であり、この点本命令の意義は大きいと言えます。

「形式上、シェア事業者をうたっていても、実態として運送業の提供主体であり、その事業のために配達パートナーの労働力を利用していると評価されるのであれば、労働法の適用対象となり得る」

「会社は、配達パートナーの労働力を利用しており、本件は正に厚労省の労働関係法研究会が平成23年7月に取りまとめた報告書における、当事者の認識や契約の実態の運用を重要して判断されるべき事実である」

「本件における配達パートナーは、会社らの事業の遂行に不可欠な労働力として確保され、事業組織に組み入れられており、会社らが契約内容を一方的・定型的に決定しているということができ、配達パートナーの得る報酬である配送料は、労務の提供に対する対価としての性格を有している」と認定し、団体交渉に応じることを命じています。

図表7 主要国でのギグワーカー保護の動き

日本	3月、ギグワーカーの取引を独禁法などで保護するガイドライン公表
韓国	20年12月、ギグワーカーなどに雇用保険の適用を拡大する法案を可決
米国	ギグワーカーの団結権などを保護する法律の制定目指す。労組結成などを後押し
英国	2月、最高裁がライドシェアの運転手を雇用法上の労働者とする判決
ドイツ	20年12月、連邦労働裁判所がギグワーカーの一部を雇用者と判断
スペイン	5月、料理宅配の配達員を雇用者と位置づける政令を制定

(2021年12月現在・日経新聞)

Ⅲ
フランチャイズ店長

Q1　フランチャイズ店長と労働基準法

フランチャイザー（本部、経営者）とフランチャイズ契約を
結んでいる店舗の店長には、労働基準法、労働契約法は適
用されますか？

A　フランチャイズ契約は、一般に本部とフランチャイズに加盟
する自営業者（オーナー）が、一定の地域内で、本部（フランチャイ
ザー）の商標、サービスマークなど営業の象徴となる標識や経営ノ
ウハウ権利を取得して事業を行うことを内容とする継続的供給契約
であり、加盟店オーナーの労働者性は認められない傾向にあります。

・・・解　説・・・

1　フランチャイズ契約

　フランチャイズ契約は、一般に本部（フランチャイザー）とフランチャ
イズに加盟する店長（店舗オーナー）が、本部（フランチャイザー）の商
標、サービスマークなど、営業の象徴となる標識や経営ノウハウ権利
を取得して事業を行うことを内容とする継続的供給契約であり、加盟
店長は、これらのノウハウの対価として、本部にロイヤリティを支払
う構造となっています（フランチャイズ契約は、一般的に準委任、賃貸借、
売買が混合した契約とされている）。

　フランチャイズの業種については、喫茶店、レストラン、居酒屋、
ラーメン店などの飲食業、コンビニエンスストアに代表的な小売業、
クリーニング、レンタル、マッサージなどのサービス業の他に、家事
介護などの代行サービス、出張美容師、移動販売等の無店舗型などさ
まざまな業種に広がっています。今日フランチャイズ「店長」の労働
者性が問題となるのは、主としてコンビニエンスストア本部と加盟店
（オーナー）関係においてです。

2　フランチャイズ店長に労働者性が認められなかったケース

◉ブレックス・ブレッディ事件・大阪地判平 18.8.31 労判 925 号 66 頁

【事案】

　フランチャイズ契約に基づいてフランチャイザー（オーナー）と業務委託契約を締結していたパン販売店の店長が、未払賃金を請求したケース。

　判決は、下記のとおり判示しています。

> 　「原告（店長）は、本件店舗の店長として、店舗の管理運営（商品の仕入れ、アルバイトの採用・勤務時間及び勤務シフト、商品の製造・販売及びその準備作業、レジ・金庫の管理等）について、自ら決定して行っており、フランチャイザー（被告ブレッディ）は、これに具体的に関与して」おらず、「被告ブレッディと原告との間に、その労務提供の実態に照らし、使用従属関係があったとは認められず、原告が労働基準法上の労働者に当たるとは認められない。」

＜類似判例＞

◉セブン‐イレブン・ジャパン事件・東京地判平 30.11.21 労判 1204 号 84 頁

　同じくフランチャイザー（本部）とフランチャイズ契約を締結したコンビニエンスストア店長（加盟店）についても、フランチャイズ契約に基づき、独立の事業者として店舗契約をしているものであり、労働者にはあたらないとして未払賃金相当額の支払い請求を認めませんでした。

3　労基法、労契法上の労働者性が認められたケース

◉キュリオステーション事件・東京地判平 25.7.17 労判 1081 号 5 頁

【事案】

　パソコン教室の店長は、フランチャイザー（本部）との間のフランチャイズ契約に基づき店舗運営を委ねられていたが、会社の指示で、

職員のオーナー研修、アドバイザー業務、部下の運営する店舗の売上げ管理や指導育成、人事考課等の業務、幹部会への出席等を行っていたケース。

判決は、下記のとおり判示しています。

> 「原告店長は店長として同店の運営を委ねられていたほか、被告会社の指示により、被告が貢献手当、社長賞等の名目で別途対価を支払っているというオーナー研修、アドバイザー業務、被告代表者が原告に特に依頼した日常業務以外の業務等について、原告に諾否の自由があったことを窺うことはできない」ことから、「少なくとも原被告間の役務提供契約については、なお雇用契約としての性質を有するものと認めるのが相当である。」

Q2 コンビニ店長と労働基準法

コンビニなどの店長は、本部との間で団体交渉をする資格が認められますか？

A コンビニ店長は、形式上、独立の事業主として本部との間でいわゆるフランチャイズ契約を締結しており、原則として労基法が適用されることはありませんが、実態として「使用従属関係」が認められる場合には、労働組合法上の「労働者」として認められることがありえると思われます。

・・・解説・・・

1　コンビニ店長と労働法の適用

　コンビニ店長が本部との間で締結しているいわゆるフランチャイズ契約は、店長（フランチャイズ）が独立の事業主として、一定の地域内で、本部（フランチャイザー）の商標、サービスマークなど営業の象徴となる標識や経営ノウハウを用いて事業を行うことを内容とする継続的供給契約であり、準委任、賃貸借、売買が混合した性質をもつ民法上の無名契約とされています。したがって、コンビニ店長自身が労務提供を行っていても、直ちに本部との間に労働契約が認められて、労基法・労契法上の「労働者」とされる可能性はないといえるでしょう（コンビニ店長の労基法、労契法上の労働者性が否定された、**セブン - イレブン・ジャパン事件・東京地判平 30.11.21 労判 1204 号 84 頁**（→本章 Q 1）。

　しかしながら、労組法上の「労働者」概念は労基法等よりも広く理解されており、事業主との間に「使用従属関係」（特に「事業組織への組入れ」）が認められる場合には、労組法上の労働者とみとめられる可能性が出てくることと思われます。

2 労組法上の労働者とコンビニ店長

　前述した最高裁 3 判決（新国立劇場運営財団事件・最三小判平 23.4.12 民集 65 巻 3 号 943 頁、INAX メンテナンス事件・最判平 23.4.12 労判 1026 号 27 頁、ビクターサービスエンジニアリング事件・最三小判平 24.2.21 民集 66 巻 3 号 955 頁）及び平成 23 年厚労省労使関係法研究会報告「**労働組合法の労働者性の判断基準について**」（本書 49 頁）では、①事業組織への組み込み、②契約内容の一方的決定、③報酬の労務対価性、④業務依頼の諾否の自由、⑤業務遂行への指揮監督・時間的場所的拘束、⑥事業者性の有無・程度を総合的に検討するという判断枠組みをとっています。即ち前記最高裁判決では、①〜③を基本的要素として重視し④〜⑥を補充的要素として、労基法上の労働者性よりも緩やかに判断しています。

　同様に考えれば、コンビニエンスストアの場合、店長がいなければ本部の事業は成り立たないことは明らかであることから、「事業組織への組入れ」は認められるべきであり、またコンビニ店長の時間的、場所的拘束も強く（特に 24 時間営業が契約上義務付けられていることから、店長に対して過度の拘束となっている可能性が高い）、アルバイト等の他人労働者を利用せざるを得ない実態からも、コンビニ店長の労働者性は認められるのではないかとの疑問が出てきます。しかしこの問題について、中労委は、コンビニ店長が自ら選択した場所で、他人労働者（アルバイトなど）を活用して経営を行って、損失や利益の帰属主体となっていることから、実態として独立した小売業店であり事業者性が顕著であるとして、労働者性を否定し、むしろ本部が 24 時間営業に基づき、優越的地位を行使しているか否かの判断を独占禁止法の適用で問題とすべきとしています。

第6章

芸能・スポーツ等従事者

Q1 芸能人やプロスポーツ選手など

芸能人やプロスポーツ選手の労働者性はどうなりますか？

A 特殊技能や専門性が重視される芸能人やプロスポーツ選手などでも、拘束性が強い場合には、労働者性は認められることがあります。

••• 解 説 •••

1 芸能従事者

　芸能従事者（アーツワーカーズ Arts Workers）には、多様な職種があり、芸能実演者としては、俳優（映画、テレビ出演者など）、舞踏家（日舞、ダンサーなど）、音楽家（歌手、作曲家など）、演芸家（落語家、DJ、司会、スタントなど）が、芸能制作従事者としては、プロデューサー、監督、撮影、照明、衣装、アシスタントなどがあります。これらの人々が、映画やテレビ番組などの制作会社などと締結する契約形態も多様であり、いわゆるフリーランスとしてテレビ番組などの制作会社と契約している場合から、制作会社などに専属で契約をしている場合等多様な契約形態があります。特にテレビ制作などは成果物であるドラマなどの納期（放送）に合わせなければならず、そのためスタッフの拘束性や過重性が高くなり、従来からスタントなどを中心とした労働災害が多いことでも知られ、日本芸能従事者協会が令和3年実施した調査では、対象者の約7割が何らかのハラスメント被害に遭い、約3割がストレスから希死念慮を経験したことが報告されています。

2 プロスポーツ選手

　スポーツ選手について、企業や学生などアマスポーツの場合、企業の従業員や学生であることから、労働者性が問題となることはありませ

んが、プロスポーツ選手の場合には、労働者か否かが問題とされることが多くなります。プロスポーツ選手の就労形態は、大別してゴルフやテニスなど個人プレー中心の場合と、プロ野球やサッカーなどチームプレー中心の場合がありますが、いずれの場合も契約形態は多様であり、力士など相撲部屋に所属して相撲協会と契約している場合から、プロ野球選手のように球団との間で契約し、原則として1年契約を更新する場合までさまざまです。これらのプロスポーツ選手は、一般に税法上個人事業主として扱われ、球団やスポンサーとの間で単年単位の契約更改が行われるものの、労働者性をめぐっては、例えばトレード制限や競業避止、解雇、引退の自由や大幅減俸、更にはスポーツの特性から仕事中のケガなどに対する保険などさまざまな場面で問題となります。

3　労働法の適用

(1)　労組法は適用される

　労働組合法の適用は芸能関係者、プロスポーツ選手いずれについても原則として認められており、例えば芸能人やプロスポーツ選手が労働組合を組織して、出演や選手活動の条件について各芸能事務所や球団と団体交渉を行い、組合メンバーの最低保障額や契約期間上限などを合意することは認められています。

(2)　労基法は使用従属関係による

　他方労働基準法の適用については、芸能事務所や球団との使用従属関係の有無、強度が左右してくることになります。具体的には移籍（競業避止義務）や退職、引退の自由などという形で問題となり、移籍の場合、必然的に競業避止義務とセットとなり、一般に労働者の場合、退職従業員の地位や時間的・場所的制約の程度などから、使用従属関係の有無が判断され、競業避止義務＝退職制限の可否が判断されます。他方芸能界、スポーツ界では活動の場や方法、期間などの特殊性に伴い、球団や芸能事務所の「裁量」と選手やタレントの職業選択の自由

との比較衡量が問題とされることになり、一般の従事者とは同列には論じられませんが、今日、裁判では選手や芸能人の個人の選択が重視される方向にあるといえます。

⑶　ハラスメントやケガの多い職場環境

　芸能人やスポーツ選手は、ケガやハラスメントが絶えない職場であることから、近時これらについての保護策がなされるようになってきており、例えば芸能人については、2021年4月に労働基準法施行規則改正により、特別加入保護対象にされるようになり、2022年4月1日からは、全ての事業所でハラスメント防止措置が義務付けられるようになっており、これら芸能人やプロスポーツ選手に対する安全衛生対策が前進しつつあります。

4　映適マーク

　2023年4月から、日本の映画界は、総力をあげて改革に乗りだしており、そのシンボルが「映適マーク」です。2019年、経産省は、映画の制作現場の労働環境について実態調査を行ったところ、75％がフリーランスで占められ、その大半は収入が低く、勤務時間も長く、しかも契約書も交わされずに仕事をしている実態が明らかとなりました。それを受けて本年4月1日から以下のガイドラインが実施されています。概ね、次のとおりとなっています。

【撮影時間】

　1日の撮影時間は、準備と撤収を含め原則1日13時間以内と定め、2週間に1日は完全に休む日を設けること。

【契約書】

　すべてのフリーランススタッフに対し、契約期間や業務内容、金額や支払日などを明記した契約書を交わすこと。

【ハラスメント】

　特にハラスメント対策が盛り込まれ、作品ごとにハラスメントを防止する責任者を必ず選任し、ハラスメント講習をすべてのスタッフに

義務付けること。

【制作費】

　制作費の予算がやむを得ない事情で超えた場合、映画の発注側である製作委員会などが超過分を負担すること（これまで映画界では契約書なしで制作が行われるのが常態であった）。

　これらのガイドラインの基準を満たす映画に対して「映適マーク」が付与される仕組みであり、今後の動向が注目されます。

芸能従事者と労働基準法

芸能従事者の労働者性はどうなりますか？

A 芸能技術者、演出等に裁量がある場合や芸術性など個人の特性等がある場合は、労働者性が認められない傾向にあります。

・・・ 解 説 ・・・

1 芸能従事者の労働者性

　芸能従事者には多様な職種がありますが（→前掲第6章 Q1 参照）、近年はいわゆるフリーランスが増加しており、俳優やテレビタレントなどの芸能従事者と映画やテレビ番組制作会社との契約関係が複雑化しており、労働者性の判断が困難となるケースが多くなっています。これに対して行政当局である厚労省（旧労働省）は、以下に述べるとおり研究会報告で労働者性に関する判断基準を示しています。

2 労基研専門部会報告（平成8年3月）

　厚労省は昭和60（1985）年に、労基法適用対象の「労働者」の判断基準について報告を行っていますが、その後労働者性の判断について問題となることが多い芸能従事者について、平成8（1996）年3月、労基研労働契約等法制部会労働者性検討専門部会が、次のとおり判断基準を示しています。

Ⅱ　判断基準（抄）

1　使用従属性に関する判断基準

(1)　指揮監督下の労働

　イ　仕事の依頼、業務に従事すべき旨の指示等に対する諾否の自由の有無……

例えば、特定の日時、場所を指定したロケ撮影参加の依頼のような、「使用者」の

具体的な仕事の依頼、業務に従事すべき旨の指示等に対して、諾否の自由を有していることは、指揮監督関係の存在を否定する重要な要素となる。他方、このような諾否の自由がないことは、一応指揮監督関係を肯定する一要素となる。

　ロ　業務遂行上の指揮監督の有無……俳優やスタッフが実際に演技・作業を行うに当たり、演技・作業の細部に至るまで指示がある場合には、指揮監督関係の存在を肯定する重要な要素となる。他方、俳優やスタッフなど、芸術的・創造的な業務に従事する者については、業務の性質上、その遂行方法についてある程度本人の裁量に委ねざるを得ないことから、必ずしも演技・作業の細部に至るまでの指示を行わず、大まかな指示にとどまる場合があるが、このことは直ちに指揮監督関係を否定する要素となるものではない。

　ハ　拘束性の有無……勤務場所がスタジオ、ロケーション現場に指定されていることは、業務の性格上当然であるので、このことは直ちに指揮監督関係を肯定する要素とはならない。

映画やテレビ番組の撮影に当たっては、勤務時間が指定・管理されていることが通常である。他方、「使用者」が業務の遂行を指揮命令する必要によるものであれば、指揮監督関係を肯定する要素と考えられる。例えば、一日の撮影の中で、監督等が行う具体的な撮影時間、休憩、移動時間等の決定や指示に従わなければならないこと、監督の指示によって一旦決まっていた撮影の時間帯が変動した場合に、これに応じなければならないことは、指揮監督関係を肯定する要素の一つとなる。

　(2)　報酬の労務対償性に関する判断基準

　映画やテレビ番組の撮影についての労務提供に関する契約においては、撮影に要する予定日数を考慮に入れながら作品一本あたりいくらと報酬が決められているのが一般的であるが、拘束時間、日数が当初の予定よりも延びた場合に、報酬がそれに応じて増える場合には、使用従属性を補強する要素となる。

2　労働者性の判断を補強する要素

　(2)　専属性の程度

　特定の企業に対する専属性の有無は、直接に使用従属性の有無を左右するものではなく、特に専属性がないことをもって労働者性を弱めることとはならないが、労働者性の有無に関する判断を補強する要素の一つと考えられる。具体的には、他社の業務に従事することが契約上制約され、または、時間的余裕がない等事実

上困難である場合には、専属性の程度が高く、経済的に当該企業に従属していると考えられ、労働者性を補強する要素の一つと考えられる。

Ⅱ　事例
（事例1）俳優A
1　俳優の業務の種類、内容……映画作品の撮影現場において、一言だけ「台詞」がある喫茶店のウェイトレスの役を演じる。ある程度撮影が進行した段階で、撮影日時、場所を特定して出演することを、口頭により製作会社と約したもので、契約期間は2日間であるが、撮影の進行状況によっては、拘束日数が数日間延長されることがある。報酬は、最低ランク「5万円」。
2　労働者性の判断
⑴　使用従属性について……①撮影期間が延長される場合であっても拒否することはできないこと、②演技方法等があらかじめ特定され、本人に裁量の余地はほとんどないこと、③具体的な撮影時間等の割り振りが一方的に決定され、これに従わざるを得ないこと、から使用従属性があるものと考えられる。また、当初の役以外の役を演ずることを拒否できないことは、当該判断を補強する要素である。
⑵　本事例の俳優Aは、労働基準法第9条の「労働者」であると考えられる。
（事例2）俳優B
1　俳優の業務の種類、内容……映画作品の主役を撮影現場において演じる。製作会社との書面契約により、3か月の撮影期間において必要な都度出演することを約したもので、いわゆる「ノーランク」であり、契約締結に際して報酬を交渉の上決定したが、その報酬は実際に撮影に要した日数によらず一定額とされている。出演依頼が多く、スケジュールが詰まっていることも多いので、都合の悪い時などはロケ撮影の日程の変更を主張することができる。
2　労働者性の判断
⑴　使用従属性について……①業務従事の指示に対する諾否の自由があること、②演技方法について本人の意向が相当反映されること、③撮影時間の決定に当たって本人の都合が優先的に考慮されること、から使用従属性はないものと考えられる。また、報酬の額が撮影日数に対応しておらず、その額が他の俳優に比べて著しく高いことは、当該判断を補強する要素である。

(2)　本事例の俳優Bは、労働基準法第9条の「労働者」ではないと考えられる。

3　棋士の労働者性

◉関西棋院事件・神戸地尼崎支判平 15.2.14 労判 841 号 88 頁 [ダイジェスト]

【事案】

　財団法人関西棋院が所属プロ棋士（原告）の厚生年金被保険者資格届出を怠ったため、受給権を侵害されたとして訴えられたケースで、棋士の労働者性が問題となった。

　判決は、以下のとおり判示し、労働者性を否定しています。

> 被告（関西棋院）と棋士（原告）との関係が雇用または雇用類似の関係にあるとは認めがたく、棋士が当然に厚生年金保険の被保険者資格を有する者であるといえるかは、疑問なしとしない。しかし、その点を置くとしても、昭和 32 年当時の厚生年金をめぐる社会状況及び関係者の理解解釈を考えると、当時において所属棋士全員につき厚生年金保険法 27 条の届出をせず、これを希望者のみとした被告の行為を、不法行為法上違法であると評価することはできないというべきである。

　ちなみに現在の厚生年金保険制度では、適用事業所に「使用される」70 歳未満の者は当然に被保険者とされており（同法9条）、「使用」関係は事業主との間に事実上使用関係があり、労働の対償として給与や賃金等を受け取っていれば生じるものとされており、雇用契約の存在までは必要とされていません（但し非常勤の顧問などは、使用関係がないものとされている）。

Q3 専属タレントの労働者性

プロダクションなどの専属タレントの労働者性はどうなりますか？

A 専属契約を締結したからといって直ちに契約内容が労働契約とされるわけではなく、使用従属性が認められることが必要です。

・・・解 説・・・

1　専属タレントの労働者性

　芸能プロダクション等の専属タレントなどが、プロダクション等と結ぶ契約内容は、仕事内容、期間、報酬、競業避止義務などが規定され、他社の業務に従事することは禁止されることが一般的です。もっとも専属契約を締結したからといって直ちに契約内容が労働契約とされるわけではなく、具体的には、他社の業務に従事することが契約上制約され、または、時間的余裕がない等事実上困難である場合には、専属性の程度が高く、経済的に当該企業に従属していると考えられ、労働者性を補強する要素の一つと考えられています（→前掲第6章 Q2 参照）。

2　労働省（厚労省）の通達

　芸能タレントの労働者性に関し、労働省の通達（**昭63.7.30 基収355号**）が発出されており、同通達によれば、以下のいずれにも該当する場合には、労基法9条の労働者に該当しないものと取り扱ってよいとされています。

> 　ア　当人の提供する歌唱、演技等が基本的に他人によって代替できず、芸能性、人気等当人の個性が重要な要素となっていること、イ　当人に対する報酬は、稼働時間に応じて定められるものではないこと、ウ　リハーサル、出演時間等スケ

ジュールの関係から時間が制約されることはあっても、プロダクション等との関係では時間的に拘束されることはないこと、エ　契約形態が雇用形態ではないこと

3　専属タレントと労基法

⑴　労働者性が肯定されたケース

◉元アイドルほか（グループB）事件・東京地判平 28.7.7 労判 1148 号 69 頁

【事案】

　マネジメント会社と 3 年間の専属契約を結んで、指定された日にライブ活動をしていたアイドルグループのメンバーが、会社とトラブルとなったことから、契約後 1 年経過した時点で、ライブイベントに通知せずに欠演したとして会社から損害賠償請求されたケース。

　判決は、以下のとおり判示し、会社の主張が否定されています。

　　　被告 Y（元アイドル）は、原告（会社）の指揮監督の下、時間的場所的拘束を受けつつ、業務内容について諾否の自由のないまま、定められた労務を提供しており、また、その労務に対する対象として給与の支払を受けているものと認めるのが相当である。したがって、本件契約に基づく被告 Y の原告に対する地位は、労働基準法及び労働契約法上の労働者であるというべきである。

　　　（グループ）B の活動の中心は歌唱とダンスを集団で行うライブ活動にあり、そのような活動において被告 Y が他人によって代替できないほどの芸術性を有し、同人の人気などの個性がタレント活動としての重要な要素となっていると認めるに足りる証拠はない。(中略)したがって、本件通達におけるアの要件を充足するとはいえない。

　　　被告 Y の本件契約に基づく原告に対する地位は労働者ということになるから、本件契約が締結された平成 25 年 9 月 1 日から既に 1 年以上が経過してからされた本件申出は、被告 Y が原告を退職する旨の意思表示ということができるのであって、これにより本件契約は解除されたというべきである（労基法 137 条）。そうすると、被告 Y

　　は、同日以降、原告に対し、本件契約に基づく出演義務を負ってい
　　ない。

<類似判例>

◉スター芸能企画事件・東京地判平 6.9.8 判時 1536 号 61 頁

　プロダクションと 10 年間の出演契約を結び、1 か月 20 万円の出演料支払いを受けて専属的に出演していた歌手志望者が、契約期間を 10 年から 1 年に短縮されたケースで、労基法 14 条の上限規制（当時 1 年）により、残存 9 年間分の逸失利益が否定された。

◉ジェイロック事件・東京地判平 28.3.31 判タ 1438 号 164 頁

　芸能プロダクション会社と専属歌手との間に使用従属関係があり労働者性が肯定された。

◉ J 社ほか一社事件・東京地判平 25.3.8 労判 1075 号 77 頁

　専属モデルにつき最賃法に基づく賃金支払いが命ぜられた。

⑵労働者性が否定されたケース

◉Ｈプロジェクト事件・東京地判令 3.9.7 労経速 2469 号 3 頁

【事案】

　亡Ａは、高校在学中（通信制）、農産物の生産・販売等を行うＹ社に所属するアイドルグループのレギュラーメンバーとして、ライブ活動や販売応援活動に参加し、高校登校日（週 1 日）以外の平日イベントに参加し、グループのイベント 9 割程度に参加していたケース。

　判決は、下記のとおり判示しています。

　　　亡Ａは、本件グループのイベントの 9 割程度に参加していたが、イベントの参加は、本件システムに予定として入力されたイベントについて、亡Ａが「参加」を選択して初めて義務付けられるものであり、「不参加」を選択したイベント平成の参加を強制させることはなかった。また、平成 28 年契約にも本件契約にも就業時間に関する定めはなかった。以上によれば、亡Ａは、本件グループのメンバーとしてイベント等に参加するなどのタレント活動を行うか否かにつ

いて諾否の自由を有していたというべきであり、被告会社に従属して労務を提供していたとはいえず、労働基準法上の労働者であったと認めることはできない。

(3)　雇用類似の契約とされたケース

●元アイドルほか事件・東京地判平 28.1.18 労判 1139 号 82 頁 [ダイジェスト]

【事案】

プロダクション会社と専属女性アイドル（未成年）のマネージメント契約では、女性アイドルがファンの男性と交際した場合には損害賠償できることとされていたケース。

判決は、下記のとおり判示し、契約解除を有効としました。

タレントの労働者性を直接判断することなく、「本件契約は、被告が主体となった契約ではなく、原告会社が、所属の芸能タレントとして被告を抱え、原告会社の具体的な指揮命令の下に、原告が決めた業務に被告花子を従事させることを内容とする雇用類似の契約であったと評価するのが相当であ」り、「本件契約の規定にかかわらず、民法 628 条に基づき、『やむを得ない事由』があるときは、直ちに本件契約を解除することができ」、「（本件契約は）『マネージメント』という体裁をとりながら、その内実は被告に一方的に不利なものであり、被告は、生活するのに十分な報酬も得られないまま、原告の指示にしたがってアイドル（芸能タレント）活動を続けることを強いられ、従わなければ損害賠償の制裁を受けるものとなって」おり、「このような本件契約の性質を考慮すれば、被告には、本件契約を直ちに解除すべき『やむを得ない事由』があったと評価することができる」。

4　専属芸能員と労基法

放送局の専属芸能員（管弦楽団、合唱団、劇団など）につき、演出について裁量を一任されている者以外の出演者は、一定の拘束条件の下に

労務を提供し、その対価として報酬を受けているとして、労基法上の労働者として取り扱うものとする解釈例規があります（NHK の専属芸能員につき、昭 24.7.7 基収 2145 号）。

　裁判例でも、使用者が経営合理化を理由に楽団員と協議せず解雇したケースで、解雇無効としたラジオ中国事件・広島地判昭 42.2.21 判時 482 号 67 頁があります。

　同じく劇団員や楽団員についても、演奏日程等の拘束がある場合には、労働者性が肯定されています（チボリジャパン（楽団員）事件・岡山地判平 13.5.16 労判 821 号 54 頁、同旨エアースタジオ事件・東京高判令 2.9.3 労判 1236 号 35 頁、キャバレーのバンド楽団員につき阪神観光事件・大阪高判昭 55.8.26 労民集 31 巻 4 号 902 頁など）。他方オペラ合唱団員につき、個別の出演につき団員に諾否の自由がある場合には労基法の適用が否定された、新国立劇場運営財団事件・東京高判平 19.5.16 労判 944 号 52 頁などがあります。

5　ジャニー喜多川性的虐待事件

　2023 年大手芸能事務所・ジャニーズ事務所の創設者ジャニー喜多川が、創立初期から同事務所に所属していたタレントを中心とした多数の未成年の男子に対して、長期に亘り常習的に性的虐待を行い、姉であるメリー喜多川も、これを放置・隠微工作を行い、これに対してジャニーズ事務所も何ら適切な対応を行わず、多数の被害者を生み出している事実が判明しました。

　1999 年に『週刊文春』が喜多川の性的虐待行為に関するキャンペーンを実施し、被害者の証言を得て本疑惑を報じています。それによると、被害者が喜多川からの性加害行為を事務所スタッフに訴えても「デビューしたければ我慢するしかない。」「しょうがない人だから、我慢してほしい。」「我慢すればいい夢が見られる。みんな通っていく道だ。」などと言われてもみ消しが図られていた赤裸々な実態が明るみにされています。これに対してジャニーズ事務所は名誉毀損で文藝春秋

を訴え、裁判では、報じられた喜多川の「セクハラ行為」は「その重要な部分について真実」と認定され、名誉毀損には当たらないと判決が下っています（2004年控訴審判決が確定）。それにもかかわらず喜多川の行為は、その後も長きに亘って放置され続けました。

　2023年3月イギリスのBBCが、喜多川の性的虐待疑惑を追う長編ドキュメンタリーを放送し、続いて元ジャニーズJr.の被害者が実名・顔出しで記者会見を行って被害を告発したことから、長期に亘る性的虐待の事実と、この間のテレビ局・マスメディアの沈黙・共犯的関係が顕在化していったのです。

　その後再発防止特別チームの調査を受けて、ジャニーズ事務所は同年9月に記者会見を行い、喜多川の性加害の事実を初めて認めて謝罪し、10月に名称を株式会社SMILE-UP.（スマイルアップ）に変更し、被害者のケア・補償を行ったうえで廃業することを明らかにしています。

Q4 芸能従事者の事故・ハラスメントなど

芸能従事者が仕事中や通勤中にケガや病気などをした場合の補償はどうなりますか？

ハラスメントなどへの対策はどうしたらいいのでしょうか？

A 令和3年4月1日から特別加入労災保険の対象が、芸能実演者、芸能制作作業従事者等の芸能従事者一般に拡大され、仕事中や通勤中のケガや病気等の補償が受けられることになっています。ハラスメントについては令和4年4月1日から全ての事業所で対策の義務化がなされています。

••• 解説 •••

1　芸能従事者の事故・安全管理

　芸能業界は建設業やIT業界などと同様、多重的下請構造にあり、仕事の具体的な流れは、発注者であるテレビや映画制作会社→芸能プロデューサー→芸能プロダクション→芸能タレントというプロセスをたどり、より一層複雑になっています。しかも芸能実演者の大半はフリーランスの俳優や芸能タレントで占められており、例えばこれらの実演者がテレビドラマに出演した場合、これらの作業の場所的・時間的拘束が厳しいにもかかわらず、撮影時の指示は通常20以上のセクション等と多層的になされることから、安全衛生等の責任も曖昧化されることになります。

　2021年4月全国芸能従事者労災保険センターが、音楽関係従事者を対象に実施した調査では、約85％がフリーランスであり、仕事中の事故・病気が約40％に達しており、例えば舞台装置に含まれるアスベストにより中毒死した舞台女優や交通安全教室で実演中にトラックにひかれて亡くなったスタントマン、インターネット中傷で自殺したプロ

レスラーなどの死傷事故などが報告されています。また安全管理についても、仕事現場の約80%で更衣室がなく、専用トイレも約半数しかなく、約半数の従事者は徹夜で仕事をした経験があると回答しています。

更に仕事現場でのセクハラやパワハラは、7割が経験していると回答しています。

2 芸能従事者に対する労災補償・対策

このような状況に対して、令和3年4月1日から特別加入労災保険の対象が、芸能実演者（俳優、舞踏家、音楽家、演芸家、スタントなど）、芸能制作作業従事者（監督、撮影、照明、メイク、アシスタントなど）等の芸能従事者一般に拡大され、仕事中や通勤中のケガや病気等の補償が受けられることになっています。

また令和3年3月26日、芸能従事者が現場でストレスなく作業ができるよう、4省（総務省、文科省、厚労省、経産省）連名で、テレビ・映画等の制作団体等に対して、トイレや更衣室を含めた現場整備、ハラスメントやメンタルケアに関する相談体制の整備要請が発せられています。さらに同年7月には、政府の過労死等防止大綱に、芸能・芸能分野で過重労働、自殺に関して調査対象として加えられるようになっています。

3 ハラスメントの実態

厚生労働省は、2023年「過労死等防止対策白書」で、特にメディア業界、芸能従事者を対象にハラスメントに関する初めてのアンケート調査を行っています。このうち、俳優・スタントマンでは、「セクハラ被害を受けた」人は20.4%（最も多い被害は「性的関係を迫られた」が11.1%、「必要以上に体に触られた」10.2%、「恥ずかしいと感じるほど体の露出をさせられた」9.3%、「羞恥心を感じる性的な実演をしなければならない」8.3%）、声優・アナウンサーでは、25.7%に上っていま

す（「性的関係を迫られた」や「必要以上に体に触られた」はいずれも
14.3% など）（**図表8** 参照）。

図表8 芸能分野におけるハラスメントを経験したことがある割合

	セクハラなど	心が傷つくことを言われた	暴力を受けたり、怒鳴られたりした
俳優・スタントマン	20.4	54.6	28.7
声優・アナウンサー	25.7	68.6	22.9
伝統芸能	5.4	24.3	11.5
音楽・舞踊・演芸	7.7	38.3	13.1
美術家	12.4	37.1	13.4
文筆・クリエーター	16.7	50.0	15.2

(出所：厚労省 2023 年「過労死等防止対策白書」より)

　その結果、「うつ病、不安障害の疑い」、「重度のうつ病・不安障害の
疑い」、「うつ傾向・不安あり」が、「俳優・スタントマン」の 66.3%、
「声優・アナウンサー」の 42.9% に達しています。

図表9 職種うつ傾向・不安（芸術・芸能従事者（実演家）調査）

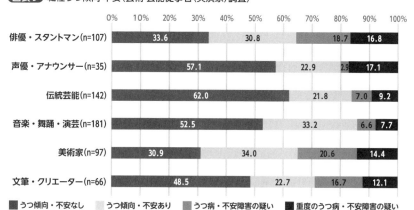

(出所：厚労省 2023 年「過労死等防止対策白書」より)

4　性加害・性的暴力・ハラスメント対策

　令和4年4月から全事業所でハラスメント対策が義務化されましたが、同年3月、マスコミ等で映画監督によるセクハラ等の性加害、暴力が告発されたことを受け、同年4月俳優、映画監督や脚本家らによって「映像業界における性加害、性暴力をなくす会」が設立されています。

　同会のHPでは、「映像業界における性加害・性暴力は、地位・関係性を利用したエントラップメント（罠にはめる）型が多く聞かれます。人事権を持った監督やプロデューサーが、キャスティングを条件に俳優に性行為を迫るなどといった行為がその一例です。強要される側は、断ったり拒んだりすれば「クビにされるのではないか」「今後仕事を回されなくなるのではないか」「現場の和を乱すのではないか」といった不安を覚え、沈黙を強いられます。また、こうした事例を指して「枕営業」などという加害者に都合のいい言葉を使う光景も繰り返されてきました。明白な加害・被害にもかかわらず、あたかも被害者が自ら望んでしたかのように第三者が言うことは侮辱であり、問題をひどく矮小化することにも繋がります。（中略）制作スタッフにおける性加害・性暴力の事例もあとをたちません。上下関係や会社間のパワーバランス、ジェンダーギャップなどを背景に、加害側の横暴を許す制作体制がパワハラを生み出し、その延長線上に性加害・性暴力が起こります。そのため被害を訴えても、取り合ってもらえず、封じ込められて泣き寝入りするひとが多く存在します。それらの根底には、映像制作の過酷な労働条件・労働環境などの問題が横たわっています。極端な過労と睡眠不足によって、気力も体力も失われているところに加害者がつけ込むなど、劣悪な労働環境が性加害・性暴力の温床ともなっているのです。」と警鐘を鳴らしたうえで、

　「私たち業界関係者は、こうした被害・加害の数々を知りながら「芸能界ではよくあること」と感覚を麻痺させ、ハラスメントに加担して

はいなかったでしょうか。（中略）現在の日本では、性暴力の加害者が罰せられにくい法制度であることも指摘されています。多くの被害がいまだに「ないもの」とされているのです。映像業界における性加害・性暴力を可視化し、撲滅するための実態調査に加え、しかるべき第三者機関の設置が必要であると考えます。」と訴えています。

　芸能関係者の大半は芸能事務所とのフリーランスであり、しかも口頭契約であることが多く、契約書を交わしていても事業所に有利な一方的な内容となっていることが多くなっています。少なくともハラスメントなどの対策としては、あらかじめ契約書類にハラスメント防止並びに被害にあった場合の契約解除や損害賠償規定を確認することが必要です。

Q5 プロスポーツ選手

プロスポーツ選手に労働者性は認められるのでしょうか？

A 個人の技能等が重視されるプロスポーツ選手などは、競技の特殊性から、特別の事情がないかぎり労働者性は認められない傾向にあります。

・・・解説・・・

1 プロスポーツ選手

　プロスポーツ選手が、企業と契約してレースなどに参加する場合、時間、方法、出場種目などについて詳細に規定されていても、スポーツにおける業務遂行上当然のこととして、特段の事情がないかぎり、労働者性が認められない傾向にあります。例えば競輪選手が多数転倒したことから労災適用の有無が問題となったケースで、解釈例規（昭25.4.24 基収 4080 号）は、①自転車競争施行者は参加者に競争の場を提供しているだけであり、参加者との間に指揮命令関係がなく、②参加者に支給される日当及び宿泊料等は実費弁償であり、③賞金は参加の目的であり、いずれも労働力提供の対価ではないとしており、いわば「個人事業主」として労働法の適用対象外としています。

2 レースライダー

(1) 労働者性が否定された例

◉国・磐田労基署長（レースライダー）事件・東京高判平 19.11.7 労判 955号 32 頁

【事案】

　レースライダーが、ヤマハ発動機（会社）と 1 年契約の「ライダー契約」を数年間に亘って更新して、レースに参加するなどしていたと

ころ、練習走行中に転倒して後遺障害が残ったケース。

判決は、以下のとおり判示しています。

> ライダーにはレース参加業務に関して「仕事の依頼、業務従事の指示等に対する諾否の自由」がなかったとしても、ライダー契約上当然負うべき義務であり、ライダーと会社との間の指揮監督関係を推認させる事実には当たらず、またレース参加業務やテスト業務において、ライダーの意思が尊重されていることからすると、「通常の事業組織内における上命下達の指揮命令関係とは大きく異な」り、しかも報酬は一種の成功報酬として基本報酬額が1000万円と極めて高額であること等から、労働者性を否定。

(2)　労働者性が肯定された例

◉国・津山労基署長（住友ゴム工業）事件・大阪地判令2.5.29 労判 1232 号 17 頁

【事案】

住友ゴム（会社）と1年毎に契約更新して、二輪車用タイヤ開発テスト業務を行っているライダーが、テスト走行中転倒事故により後遺障害を負ったケース。

判決は、以下のとおり判示し、「労働者」にあたるとしています。

> 契約ライダーが社員ライダーと同様に、会社による一定の時間的・場所的な拘束・管理の下で、業務の内容及び方法に関する具体的な指揮命令を受けて業務を遂行しており、報酬も一定の労務対価性があり、ライダーの業務遂行に不可欠なバイクは会社が用意し、ライダーには一定の専属性があった等から、契約が形式上は業務委託契約とされているとしても、契約ライダーが会社の指揮監督の下で労務を提供していたとして、労基法9条にいう「労働者」にあたる。

3　プロ野球選手

プロ野球選手は、実務上、労働基準法の適用は否定されています（但し、労組法は適用される点は後述）。

◉パシフィック野球連盟（審判員契約）事件・東京地判平 20.2.26 労判 961 号 87 頁［ダイジェスト］

【事案】

審判員についても同様で、例えばパ・リーグと1年毎の契約を締結していた審判員が、契約更新を拒否されたケース。

判決は、以下のとおり判示し、労働基準法の適用は否定しています。

> 審判員の業務は、その本質に属する審判の判断をする部分について独立して職務を行い、指揮命令を受けることがないという点についてはもちろん、上記のような能力主義が支配し継続の保証がないという業務のあり方や、報酬として処理されている税務上の扱い等からいって、雇用という考えにはなじまないものと考えられ、解雇法理や雇止め法理の適用はない。

4 力士

相撲協会と力士との関係について、実務上労働者性を肯定することには否定的であるものの、複合的性格を有する契約とみています。

◉日本相撲協会（力士登録抹消等）事件・東京地決平 23.2.25 労判 1029 号 86 頁［ダイジェスト］

【事案】

モンゴル出身の幕下力士が部屋の親方とトラブルとなり、親方が一方的に相撲協会に力士の引退届（廃業届）を出したケース。

判決は、下記のように判示しました。

> 力士が提供する相撲競技の内容は、個々の力士が所属部屋の師匠の下で、自主的、主体的に追求すべきものであって、他者の指揮命令権に服するような性質のものではなく、②相撲協会は、力士による相撲競技という一種のパフォーマンスの受託提供に対して、その技量と格付けに応じた報酬を、個々の力士に一場所ごとに「本場所手当」を支給するものであり、相撲協会と力士との間には一種の有償による準委任類似の契約関係が成立し、労働契約法が適用される

「労働契約」には当たらないとしています。もっとも相撲協会による

力士登録の抹消等につき、相撲協会と力士との間において、契約の

継続が困難といえるような特段の事情が存在したとまではいいがた

いことから、契約関係はいまだ終了していないとして、力士は相撲

協会に対して各本場所ごとの報酬支払請求権を有している。

◉日本相撲協会「故意による無気力相撲」解雇事件・東京地判平 25.3.25 労
判 1079 号 152 頁［ダイジェスト］

【事案】

　相撲協会が中国出身の力士を「故意による無気力相撲」として引退
勧告処分とし、その後同処分に従わなかったとして「協会内の秩序を
乱す」という理由で解雇したケース。

　判決は、以下のとおり判示し、解雇処分は無効としました。

　　相撲社会の歴史や特殊性などから、力士の労働者性を直接判断す

ることなく、「（協会と力士との）本契約は、取引法原理になじみ難

い側面も含む複合的な要素を有するものであ」り、「原被告主張のよ

うに、当然に民法の典型契約である雇用契約や準委任契約に該当す

るものであるとみることは困難であり、むしろ、上記の点に照らせ

ば、本件契約は、有償双務契約としての性質を有する私法上の無名

契約と解するのが相当であ」り、「本件取組が「故意による無気力相

撲」であったと認めるに足りないから、これを処分事由とする本件

引退勧告処分は無効であり、同処分に従わないことを理由とする本

件解雇処分は無効である。」

第7章

接客飲食業等従事者

Q1 接客飲食業従事者

キャバレー、ナイトクラブなど接客業に従事する人々の労働者性はどうなりますか？

A　キャバレーやナイトクラブなどで勤務する従業員は、一般に業務委託の形式をとっているものの、風俗営業一般に、夕方から深夜に至るまで接客をするという業務上の特殊性もあって、報酬を時給で定めていることが多く、その結果、賃金（特に残業代）や解雇予告手当未払、賃金控除（遅刻による罰金）等をめぐって争いとなることが多く、その過程で労働者性が問題とされることになります。

••• 解 説 •••

1　接客飲食業等営業

　新型コロナウィルスが蔓延し、多くの企業が休業を理由に支給された雇用調整助成金について、風俗関連事業者が対象外になって批判され、特例措置として、これらの業種も支給対象として追加されたことは記憶に新しいところです。

　ところで風俗関連事業者の中でも「接待飲食等営業」は、キャバレーやホストクラブなど酒席等におけるフロアでの接客それ自体を目的とする接客業務であり、風俗営業適正化法で規制されており、「接待」は歓楽的雰囲気を醸し出す方法で接客することを意味し、同法に基づいて風俗営業を営むには、都道府県公安員会の許可を受けることが必要とされ、営業時間は原則として午後12時迄とされ（午前0時から午前6時迄の深夜業は禁止、ゲームセンターなどは午後10時迄入店可。但しバーやスナックなど「接待」を伴わない「酒類提供飲食店営業」は、届出のみで営業可とされ、深夜営業は禁止されていない）、18歳未満の客の入店は原則と

して禁止されています。

　これらの店で「接待」をするフロアレディやボーイなどと呼ばれる従業員は、一般に業務委託の形式で就労していることが多く、ホステス・ホストなど種々の名称で呼ばれています。

2　フロアレディ・ボーイの労働者性

　フロアレディやボーイは前述したとおり、一般に業務委託の形式をとっているものの、風俗営業一般に、夕方から深夜に至るまで接客をするという業務上の特殊性もあって、報酬を時給で定めていることが多く、その結果契約形式と実態とが乖離することになり、賃金（特に残業代）や解雇予告手当未払、賃金控除（遅刻による罰金）等をめぐって争いとなり、その過程で労働者性が問題とされることになります。

　特に接待飲食業では、接客の具体的対応において、使用者（オーナー）が直接これらのフロアレディやボーイを指揮監督するのではなく、いわゆるママやマスターと称するフロアレディやボーイを介して行うことが通常であることから、労働者性の判別が困難とされることが多く、したがって労働者性の判断に際しては、風俗営業の特質として、フロアレディたちが時間的空間的に拘束された状態での客への接待を余儀なくされ、従属性が強い労務提供がなされていることに注目する必要があります。

Q2 ホステスなど

ホステスなど飲食業界で就労する人々には労働基準法は適用されるでしょうか？

A 飲食業で顧客の接待等に就労しているクラブホステスやホストなどの労働者性は、就労実態によって判断され、一般に業務諾否の自由がなく、出退勤管理がなされ、遅刻した場合に報酬減額等のペナルティがある場合には、労働者性が肯定され、これらの規制が緩やかな場合には、労働者性が否定されることがあります。

••• 解 説 •••

1　ホステスなどの「労働者性」

　飲食業で顧客の接待等に就労している、クラブホステスやホストなどの労働者性は就労実態によって判断され、一般に業務諾否の自由がなく、出退勤管理がなされ、遅刻した場合に報酬減額等のペナルティがある場合には、労働者性が肯定され、これらの規制が緩やかな場合には、労働者性が否定されることがあります。

2　労働者性が肯定された例

　クラブのホステスについて、就労実態から使用者との指揮命令関係がある場合、労基法の適用が認められています。

◉第三相互事件・東京地判平22.3.9労判1010号65頁

【事案】

売上げのノルマ未達成の場合に罰金を科されたケース。

判決は、下記のように判示しました。

> 少なくとも被告ホステスについては、業務従事の指示等に対する諾否の自由がなく、業務遂行上の指揮監督を受け、勤務場所及び勤

　務時間について強い拘束を受け、代替性の高い労務提供態様であるし、報酬が純売上高と連動しているけれども、一定程度の固定額が保障されていたことからすると、その就業実態が使用従属関係の下における労務の提供と評価できるから、労働基準法上の「労働者」に相当であり、かつ、本件入店契約は労働契約（雇用契約）の実質を有するものと解するのが相当である。

　原告会社は、強制日に客を呼べなかった場合の罰金及び売上げのノルマ未達成に対する罰金をホステスの報酬から控除しており、これらの罰金控除も前記の罰金条項による控除と同様、懲戒処分としての減給であるというのが相当であるところ、証拠によれば、これらの控除は各月の月間予定表に記載されているものの、その予定表は就業規則の一部を構成するものではないことが認められる。そうすると、いずれの罰金控除も就業規則に根拠を有しない懲戒処分であるというほかないが、労働者に対する懲戒権は就業規則にあらかじめ懲戒事由及び手段を明記しているのでなければ行使できないと解されるから、この2つの罰金控除は、労働基準法24条に反し、（全額）違法であるというのが相当である。

＜類似判例＞
◉長谷実業事件・東京地判平 7.11.7 労判 689 号 61 頁
　ホステスの勤務について被告会社において指揮監督をしていたとして労働者性が肯定されています。
◉クラブ「イシカワ」（入店契約）事件・大阪地判平 17.8.26 労判 903 号 83 頁
　会社の指揮監督を認め、労基法の適用が肯定されています。
◉パインヒル・インターナショナル事件・東京地判平 11.3.19 労判 770 号 144 頁など
◉キャバクラ運営A社従業員事件・大阪地判令 2.10.19 労判 1233 号 103 頁
［ダイジェスト］
　会社が、クラブ従業員に対し、私的交際を禁止する同意書を差入れ

させ、違反した場合には違約金 200 万円徴収を定めていたところ、これに違反した従業員に損害賠償を請求したケースで、賠償予定を禁止した労基法 16 条違反で無効としています。

3　労働者性が否定された例

◉東京リエ・コーポレーション事件・東京地判平 27.11.5 労判 1134 号 76 頁
［ダイジェスト］

【事案】

クラブママが、あらかじめ顧客にクラブへの来店を勧誘し、来店の約束を取り付けた上でクラブに来店した顧客を接待し、顧客が来店する予定のない日には、基本的にはクラブに出勤する必要がないものとされていたケース。

判決は下記のとおり判示しました。

「本件契約において原告（クラブママ）が行うものとされていた主たる業務は、原告の顧客に本件クラブへの来店を勧誘し、これに応じて来店した顧客を接待することであり、原告には、何よりも、できるだけ多くの顧客を勧誘して本件クラブに来店させることが期待されていたものと認められ」、「その上で、被告（会社）は、顧客のうちの誰にいつ本件クラブへの来店を勧誘するのか、どのような方法で勧誘するのかといった点について、原告に指示や指導をしておらず、これらの点を専ら原告に任せていたものと解されるし、被告が原告に対し、接客の方法や他のホステスとの付き合い方について指示や指導をすることもなかったのであるから、原告が、本件契約における主たる業務を遂行するに当たり、被告の指揮命令を受けていたとはにわかには評価し難い。」「本件契約について、原告が被告の指揮監督下において労働し、その対価として賃金の支払いを受ける旨の労働契約であったと評価することは困難であり、原告は、労働基準法及び労働契約法上の労働者に労働者に該当しない。」

＜類似判例＞

◉ルイジュアン事件・東京地判平 3.6.3 労判 592 号 39 頁

【事案】同じくタイムカード等の出退勤管理がなされていたクラブホステスにつき、経営者との間で結んだ「サービス業務委託契約」では、店舗内で客との遊興飲食業を営むことが認められていたケース。

　判決は下記のとおり判示し、労働者性を否定しました。

> 「原告（ホステス）と被告との間の契約は、原告が被告の経営する店舗内で被告と共同し又は独自の立場で遊興飲食業を営むという色彩が濃い」もので、「原告が使用者である被告の指揮監督に従って労務を提供し、その対価として一定の金員の支払いを受ける通常の雇用契約とは著しく異なる。」

◉甲観光事件・東京地判平 28.3.25 労経速 2289 号 24 頁

【事案】

　ホストの労働者性についても争われた。ホストの報酬は、最低保障（1 日 3000 円）と指名料をもって基本給が構成され、指名を取れなかった場合は罰金が徴集され、出勤時間は定まっているものの、お客と同伴出勤すれば遅れることは許され、入店後に指名客を迎えに店外に出ることも可能であり、そのうえで兼業することも許容されていたケース。

　判決は下記のとおり判示し、労働者性を否定しました。

> 「ホストの収入は、報酬並びに指名料及びヘルプの手当で構成されるが、いずれも売上に応じて決定されるものであり、勤務時間との関連性は薄」く、「出勤時間はあるが客の都合が優先され、時間的拘束が強いとはいえ」ず、「ホストは被告から指揮命令を受ける関係にあるとはいえない。ホストは、被告とは独立して自らの才覚・力量で客を獲得しつつ接客して収入を挙げるものであり、被告との一定のルールに従って、本件店舗を利用して接客し、その対価を本件店舗から受け取るにすぎない。そうすると、ホストは自営業者と認め

　　　・るのが相当であ」り、「原被告間の契約関係は、被告主張の賃貸借契
　　　・約類似の非典型契約である」

＜類似判例＞

◉Mコーポレーション事件・東京地判平27.11.5労判1134号76頁［ダイジェスト］

　同じく出退勤時刻や出勤日がほぼ自由に決められ、他のホステスと異なる待遇のクラブママのケースで、労働者性が否定されました。

第8章

テレワーク・在宅勤務

Q1 テレワーク

コロナ禍の中で、在宅勤務を含むテレワークが急速に普及していますが、テレワークはどのような特徴がありますか？

A テレワークは働く場所により、「自宅利用」「モバイル利用」「施設利用」などさまざまな仕事形態があり、事業者とテレワーク間の二者間の契約で、雇用（「雇用型」）される場合と請負または委任（準委任）（「自営型」）される場合の2つに分類され、今日、テレワーク特有のさまざまな問題が生じています。

・・・解説・・・

1　「テレワーク」とは

　テレワークは、ICT・インターネットを用いて行う仕事形態で、一般に「在宅ワーク」「テレワーク」「SOHO」など種々の呼び方をされ、テレワークに従事する人はテレワーカーと呼ばれています。テレワークは tele（遠隔）と Work（働く）を合わせた造語であり、時間や場所にとらわれない働き方を意味しており、働く場所によって、①「自宅利用」（在宅勤務）型、②「モバイル利用」（移動）型、③「施設利用」（サテライト）型などがあります。

　①自宅利用・在宅勤務型は、コロナ禍の中で急速に普及した仕事形態であり、テレワーカーが、自宅で注文者との間の契約に基づき、インターネットやスマホを介して仕事をするものであり、妊娠、育児、介護などの理由や身体障害者、怪我などにより、恒常的又は一時的に勤務が困難な人々や企業における企画、総務、人事、経理などの管理部門や研究・開発部門、営業や SE、サポートサービスなどで、仕事の全部又は部分を行う形態に適しています。②「モバイル利用」型は、テレワーカーが、顧客先や移動中に、注文者（使用者）との間でイン

ターネットやスマホを介して仕事をするものであり、顧客対応業務に
従事する際の仕事形態であり、③「サテライトオフィス利用」型は、
テレワーカーが自宅や勤務先以外の場所（専用サテライトや共同のサテ
ライト、レンタルオフィスなどの施設）で行うもので、①、②の複合的な
利用形態といえるものです（**図表10**）。

図表10 テレワーク

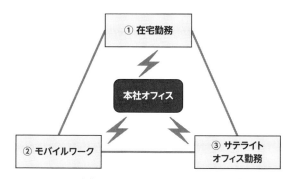

出典：一般財団法人テレワーク協会ウェブサイトより

2　テレワークの契約形態

　テレワークは、一般に2つのタイプがあり、第1のタイプは、テレ
ワーカーが事業者（＝使用者）との雇用契約に基づいて、上述の仕事を
行うものであり、第2のタイプは、テレワーカーが事業者（＝注文者）
との請負又は委任（準委任）契約に基づいて、同様の仕事を行うもので
あり、第2のタイプはいわゆるアウトソーシングの一種です。

　第1のタイプでは、コロナ禍の中で急激に増加したもので、従業員
が在宅勤務で行うものであり、言うまでもなく事業者とテレワーカー
との関係は雇用とされて、労働諸法規の適用を受けるものの、事業場
外での労働であることから、事業者にとって、テレワーカーに対する
労働時間管理が難しくなり、これに対しては、労基法の規制に加えて、
行政当局がさまざまな通達、ガイドラインを出して労働者保護を図っ

ています。

　第2のタイプでは、仕事に関して、注文主に対して従属性の強いものから弱いものまでさまざまですが、事業者とテレワーカーとの関係は原則として請負又は委任（準委任）とされて、民法や消費者契約法が適用されますが、テレワーク特有のさまざまな問題が生じており、これらについて行政当局は、テレワーカー保護のためのガイドライン等を作成して対処しています。

　さらにクラウドワークと同様、テレワーカーの仕事遂行過程が、パソコンやスマホ画面を通して、注文者に常時監視されて指示・命令を受け、一定の評価点以下の場合には、仕事の成果物に対する検収で成果物受領を却下され、却下率や評価点が注文主の規定以下になると、自動的にインターネット接続を拒絶されて、契約解除されることが一般化しており、このような場合、注文者とテレワーカーの契約形式は請負であるものの、実態としては、使用従属関係を認められて労働諸法規の適用が問題とされることがあります。

3　テレワークと労働法

　第2のタイプ（自営型）の場合、テレワーク従事者が労基法などの労働法規の適用を受けるか否かは、就労実態と法の適用要件との関係により、労基法に関しては、事業または事務所（「事業等」）において使用され、賃金を支払われる者が適用対象者なので（労基法9条）、これらの要件にあてはまるか否かが主たる問題となります。

　「事業等」への帰属に関しては、労働者名簿（労基法10条）などにより把握されますが、これも実態によりますので、使用者の恒常的な指揮監督のもとにあると判断されれば満たしうる要件ですし、「使用され」ているかどうかも、結局指揮命令を受ける立場にあるかどうかが決め手となり、従来から管理職や専属契約を締結して業務に従事する者などについて「労働者性」という概念があてはまるか否かの検討が進んでおり、テレワーク従事者についても一応の判断は可能であると

思われます。

　さらに、受け取っている対価が賃金と言えるかどうかも問題となります。例えばタクシー運転手で完全歩合制のような形態で働く労働者であっても、それが労務給付の対価とみなされる場合は労基法の適用を受けますので、テレワーク従事者についても、請負などのように純粋に仕事の結果のみに対する料金であることが明らかである場合を除いて、対価が賃金とみなされることは少なくないのではないかと思われます。そして、最低賃金法や労災保険法や労安法なども、適用対象としての労働者の概念は労基法と同様ですので、労基法の適用を受けるのであればほとんど他の労働法規の適用も受けるという関係になります。

　ちなみに家内労働法（後述）が適用される者として、事業者と自宅、加工業の請負契約を結んで自宅で仕事に従事する、いわゆる家内労働者も同様の法的対応が問題となってきます。

Q2　雇用型テレワークと「テレワーク指針」

コロナ禍の在宅勤務の典型である雇用型テレワークの場合、特に時間管理についてどのようなことに注意が必要でしょうか？

A　「雇用型」テレワークの場合、業務に従事する場所が自宅であることから、労働者の勤務時間帯と日常生活が混在せざるを得ないことになります。適正な時間管理をする義務は、会社側にありますので、裁判例や行政当局のガイドラインを遵守する必要があります。

••• 解説 •••

1　テレワーク（雇用型）と労働法の適用

テレワーク（雇用型）は、在宅、モバイル等いずれも全部もしくは一部が事業場外の労働であるものの、労働基準法、最低賃金法、労働安全衛生法、労働者災害補償保険法等の労働法令が適用されることには変わりがなく、使用者は、勤務場所を明示することや（労基法15条、施行規則5条1項1の3号）、始業・就業時刻の変更等を行う場合に就業規則に明示すること等が義務付けられています（同施行規則5条1項2号）。それに加えてテレワークは事業場外労働という性格上、使用者の時間管理があいまいとなり、長時間労働の温床となりがちなことから、その防止や労働者の健康確保を図ることがとりわけ肝要となります（但し、サテライトオフィス勤務は勤務の性質上事業場の一部とみなすべきです）。

2　「テレワーク指針」（改訂）の注目点と問題点

そもそも使用者は、労働者の労働時間について適正に把握する義務を有しており（労安法66条の8の3、労安則52条の7の3）、この点について厚労省は、ガイドライン（「労働時間の適正な把握のために使用者が講

すべき措置に関するガイドライン」平成29年1月20日策定）を発し、労働時間を記録する原則的な方法として、パソコンの使用時間の記録等の客観的な記録によること等を挙げ、やむをえず自己申告制によって労働時間の把握を行う場合においても、ガイドラインを踏まえた措置を講ずることを使用者に求めています。

　そのうえでテレワーク特有の問題について、厚労省は「テレワーク指針」（「**労働者が情報通信技術を利用して行う事業場外勤務の適切な導入及び実施の推進のためのガイドライン**」）を令和3（2021）年3月に改訂し、以下に述べるとおり使用者の遵守を求めています。

(1) 労働時間管理について

　労働時間の把握について、前述した厚労省の「平成29年ガイドライン」にあるとおり、パソコンの使用時間等の客観的な記録により始業及び終業時刻の時間を確認することが使用者の義務とされているところ、使用者の上記記録が労働者の始業・終業時刻を反映しない場合について、指針は労働者の自己申告によることも可能とし、その条件を次のように規定しています。

　　① 労働者に対して労働時間の実態を記録し、適正に自己申告を行うことなどについて十分な説明を行うことや、実際に労働時間を管理する者に対して、自己申告制の適正な運用等について十分な説明を行うこと、

　　② 労働者からの自己申告により把握した労働時間が実際の労働時間と合致しているか否かについて、パソコンの使用状況など客観的な事実と、自己申告された始業・終業時刻との間に著しい乖離があることを把握した場合（例えば、申告された時間以外の時間にメールが送信されている、 申告された始業・終業時刻の外で長時間パソコンが起動していた記録がある等の事実がある場合。なお、申告された労働時間が実際の労働時間と異なることをこのような事実により使用者が認識していない場合には、当該申告された労働時間に基づき時間外労働の上限規制を遵守し、かつ、同労働時間を基に賃金

の支払等を行っていれば足りる。）には、所要の労働時間の補正を
すること、

　③　自己申告できる時間外労働の時間数に上限を設けるなど、労
　　働者による労働時間の適正な申告を阻害する措置を講じてはな
　　らないこと、などの措置を講ずる必要がある。労働者の自己申
　　告により労働時間を簡便に把握する方法としては、例えば一日
　　の終業時に、始業時刻及び終業時刻をメール等にて報告させる
　　といった方法を用いることが考えられる。

　しかしながらこれらの対応は、労働時間管理を行う義務のある者に
とって当然の対応に過ぎず、結果的に使用者の労働時間管理義務を後
退させるものといえます。

(2)　いわゆる「中抜け時間」把握について

　指針は、労働者が一定程度テレワークの業務から離れる時間（「中抜
け時間」）について、

　　　労働基準法上、使用者は把握することとしても、把握せずに始
　　業及び終業の時刻のみを把握することとしても、いずれでもよ
　　い。テレワーク中の中抜け時間を把握する場合、その方法とし
　　て、例えば一日の終業時に、労働者から報告させることが考え
　　られる。また、テレワーク中の中抜け時間の取扱いとしては、
　　①中抜け時間を把握する場合には、休憩時間として取り扱い終
　　業時刻を繰り下げたり、時間単位の年次有給休暇として取り扱
　　う、②中抜け時間を把握しない場合には、始業及び終業の時刻
　　の間の時間について、休憩時間を除き労働時間として取り扱う、
　　ことなどが考えられる。これらの中抜け時間の取扱いについて
　　は、あらかじめ使用者が就業規則等において定めておくことが
　　重要である。

として、「中抜け時間」の把握を容易にしている点が注目されます。

(3)　事業場外みなし労働時間制について

　テレワークで、労働者が労働時間の全部又は一部について事業場外

で業務に従事し、次の①、②に該当する場合、「労働時間が算定しがた
い場合」として事業場外のみなし労働時間制（労基法 38 条の 2）が適
用され、具体的には、①情報通信機器が、「使用者の指示（黙示を含む）
により常時通信可能な状態」とされておらず、かつ②随時使用者の具
体的な指示に基づいて業務を行っていないこととされています。

　しかしながらこの点について指針では、①の要件が緩和され、

(ア)　勤務時間中に、労働者が自分の意思で通信回線自体を切断す
　　　ることができる場合、

(イ)　勤務時間中は通信回線自体の切断はできず、使用者の指示は
　　　情報通信機器を用いて行われるが、労働者が情報通信機器から
　　　自分の意思で離れることができ、応答のタイミングを労働者が
　　　判断することができる場合、

(ウ)　会社支給の携帯電話等を所持していても、その応答を行うか
　　　否か、又は折り返しのタイミングについて労働者において判断
　　　できる場合

には、①を満たすこととされています。即ち、使用者が労働時間の把
握ができるにもかかわらず、労働者が「自分の意思」で通信回線を切
断できる場合には、労働時間を「算定し難い」場合に該当することと
されているのです。

　しかしながら、みなし労働時間制は実労働時間を規制対象とする労
働時間規制の例外を許容するものであり、適用要件である「労働時間が
算出し難い場合」（労働基準法 38 条の 2 第 1 項）に該当する否かは、阪急
トラベルサポート（派遣添乗員・第 2）事件・最高裁判決（最二小判平 26.1.24
民集 246 号 1 頁）を踏まえ、客観的に見て労働時間を把握することが困
難である例外的な場合であることを前提として、厳格に判断されるべ
きです。

(4)　時間外・休日労働について

　いうまでもなく、労働者が法定労働時間を超える場合には、時間外・
休日労働に係る 36 協定の締結、届出及び割増賃金の支払いが必要とな

り、深夜に労働した場合には、深夜労働に係る割増賃金の支払が必要となります（労基法36条及び37条）。この点について前述のガイドラインでは、長時間労働を抑制する趣旨からも、事前許可及び事後報告制を導入することが望ましいとしています。

⑸　長時間労働対策

　テレワークでは、労働者が使用者と離れた場所で勤務をするため、相対的に使用者の管理の程度が弱くなり、長時間労働を招くおそれがあり、使用者にはより一層、長時間労働による労働者の健康障害防止を図ることが求められることになり、当初の指針では、時間外・休日・深夜労働等の原則禁止を打ち出していたにもかかわらず、改訂指針では、「原則禁止」を削除し、①メール送付の抑制、②システムへのアクセス制限、③時間外・休日・深夜労働の手続整備、④テレワーク労働者への注意喚起に止まっており、不十分なものです。

第9章

外国人労働者

Q1 外国人労働者

外国人が日本で就労する場合、どのような規制があるのでしょうか？
「労働者」として労働法の適用は受けるのでしょうか？

A 　外国人が日本国内で就労するには、出入国管理及び難民認定法上の就労が認められる「在留資格」を有していることが必要とされ、外国人がこれらの資格や許可に基づかずに就労すると、不法就労となりますが、労働基準法、労働組合法等の労働法は、属地主義の原則に沿って、入管法上適法か違法（不法就労）かを問わず適用されます。

••• 解 説 •••

1　外国人就労

　外国人が日本国内で就労するには、入管法上の就労が認められる「在留資格」を有していることが必要とされ（2条の2）、出入国在留管理庁が、外国人の入国、滞在許可と在留資格に応じた活動許可を一元的に管理しています。外国人のうち、永住者、日本人や永住者の配偶者等、定住者の資格を有する者は、滞在中の就労に関する制限はありませんが、これ以外の者は、在留資格外活動する場合には、法務大臣の許可を受けて一定の条件（例えば留学生につき週28時間以内のアルバイト）でのみ認められています。外国人がこれらの資格や許可に基づかずに就労すると、不法就労となって国外退去処分を受けるだけではなく、使用者やあっせん者も不法就労助長罪として処罰されることになります（24条3号の4）。

　このように日本では伝統的に、原則としていわゆる単純労働者を受け入れない政策をとってきましたが、この間、日本人が就労を好まな

い分野（３K労働など）や少子化傾向のなかで、外国人労働力に対する
需要が大きく高まってきましたが、国は上記の基本政策を変更せずに、
日系二世、三世（「日本人の配偶者等」、「定住者」）の受入れや留学生のア
ルバイト、以下に述べる研修生・技能実習制度等の拡充や「高度専門
職」、「介護」という在留資格の創設、時限的措置としての外国人建設
労働者の受入れ、国家戦略特区を利用した家事労働者や農業労働者の
受入れなどのいわば「つけ焼き刃」的な対策を進めてきました。その
ために、研修・技能実習生の目的に反する低賃金雇用が横行したり、
外国人労働者への人権侵害や労基法違反の扱いが「不法」就労のゆえ
に救済されないなど、多くの深刻な社会問題を引き起こしているので
す。

2　外国人労働者と労働法

　労働基準法、労働組合法等の労働諸法規は、属地主義の原則に沿っ
て、入管法上適法か違法（不法就労）かを問わず適用され（昭63.1.26 基
発50号・職発31号）、また労働基準法は、「国籍」を理由とする労働条
件についての差別的取扱いを明文で禁止しており（3条）、不法就労者
にも適用されるものと解されています。

　労働保険・社会保険のうち、労災保険、雇用保険、国民年金保険、
厚生年金保険は、同じく不法就労の有無を問わず適用されています（但
し、雇用保険については、外国公務員及び外国の失業補償制度が適用されてい
る者を除く）。しかし健康保険については、不法就労者の使用関係が不
安定であるとして被保険者資格を認めないのが実務ですが、批判が強
いところです。

　これに対して、適法に就労している外国人については、労働者性が
肯定され、健康保険法上の被保険者に該当するとした裁判例として、
NOVA事件・名古屋高判令2.10.23 労判1237号18頁（業務委託契約に
よる英会話講師）があります。

3　裁判例

◉改進社事件・最三小判平 9.1.28 民集 51 巻 1 号 78 頁

【事案】

　パキスタン・イスラム共和国の国籍を有するＸが、昭和 63 年 11 月、短期滞在（観光目的）の在留資格で日本に入国し、翌日から被上告会社Ｙ 1 に雇用され、在留期間経過後も不法に残留し、継続してＹ 1 において製本等の仕事に従事していたところ、平成 2 年 3 月 30 日に仕事中に被災して後遺障害を残す負傷をし、その後も、友人の家を転々としながらアルバイト等を行って収入を得、上記事故に関し労災保険から休業補償給付（約 13 万 3,000 円）および障害補償給付（約 164 万 5,000 円）の支給を受け、Ｙ 1 からは約 18 万円の支払いを受けていたケースで、Ｘは債務不履行（安全配慮義務違反）等に基づき、Ｙ 1 及びＹ 2（Ｙ 1 代表者）に対して損害賠償を請求しました。

　判決は下記のとおり判示し、労働者性を否定しました。

> 「逸失利益は、事故がなかったら存したであろう利益の喪失分として評価算定されるものであり、その性質上、種々の証拠資料に基づき相当程度の蓋然性をもって推定される当該被害者の将来の収入等の状況を基礎として算定せざるを得ない。こうした逸失利益算定の方法については、被害者が日本人であると否とによって異なるべき理由はない。したがって、一時的に我が国に滞在し将来出国が予定される外国人の逸失利益を算定するに当たっては、当該外国人がいつまで我が国に居住して就労するか、その後はどこの国に出国してどこに生活の本拠を置いて就労することになるか、などの点を証拠資料に基づき相当程度の蓋然性が認められる程度に予測し、将来のあり得べき収入状況を推定すべきことになる。そうすると、予測される我が国での就労可能期間ないし滞在可能期間内は我が国での収入等を基礎とし、その後は想定される出国先（多くは母国）での収入等を基礎として逸失利益を算定するのが合理的ということができる。」

　　「在留期間を超えて不法に我が国に残留し就労する不法残留外国
　人は、出入国管理及び難民認定法24条4号ロにより、退去強制の対
　象となり、最終的には我が国からの退去を強制されるものであり、
　我が国における滞在及び就労は不安定なものといわざるを得ない。」
　　「以上のことからすると、この事案において、Xのわが国における就
　労可能期間を3年の期間を超えるものとは認めなかった原審の認定
　判断は、不合理ということはできない。」

＜類似判例＞

◉ナルコ事件・名古屋地判平25.2.7労判1070号38頁

　逸失利益につき、日本における就労可能期間なし［在留資格が研修
であるため］、過失相殺2割。

◉矢崎部品ほか1社事件・静岡地判平19.1.24労判939号50頁

　日本に在留するブラジル国籍の労働者に関しては、日本における就
労可能期間等は問題とはならず、後遺障害による逸失利益につき労働
能力喪失期間を10年間としてわが国における収入等を基礎に算定さ
れた、過失相殺3割。

◉日本年金機構（ベルリッツ・ジャパン）事件・東京地判平28.6.17労判1142
　号5頁

　雇用保険につき、労働時間は常勤講師の約4分の3、労働日数は常
勤講師と変わりなく、報酬額も標準報酬月額の最低額を大きく上回っ
ている英語講師について、厚生年金保険の被保険者資格を認めるべし
とされた。

◉NOVA事件・名古屋高判令2.10.23労判1237号18頁

　健康保険については、不法就労者の使用関係が不安定であるとして
被保険者資格を認めないのが実務であるが、適法に就労している外国
人（業務委託契約による英会話講師）については、労働者性が肯定され、
健康保険法上の被保険者に該当するとした。

Q2 技能実習制度

外国人について、最近「技能実習制度」が認められていますが、どのようなものですか？

A　外国人研修生は、「現場研修（実務研修）」という名目で労務を提供しますが、制度上「労働者」ではないとされ、従来最低賃金を大幅に下まわる極端な低賃金で苛酷な労働を強いられるという実態があったことから、これらの改善を目的として、2016 年に「外国人技能実習法」が制定され、監督体制の強化を図り、技能実習生への人権侵害行為の禁止規定と罰則も盛り込まれました。

••• 解 説 •••

1　外国人「研修」制度

　入管法上の在留資格である「研修」と「特定活動」（技能実習）は、1993 年、国際的な経済協力や国際貢献のために日本の技術を他の国々とくにアジア諸国に移転するという名目でもうけられたものであり、研修期間は原則1 年、研修を終えて一定の要件を満たした者は「技能実習生」となり、合計3 年の滞在が認められていました。このうちとくに研修生は、「現場研修（実務研修）」という名目で労務を提供しますが、制度上「労働者」ではないとされ、最低賃金を大幅に下まわる極端な低賃金で苛酷な労働を強いられてきました。

◉三和サービス（外国人研修生）事件・津地四日市支判平 21.3.18 労判 983
　号 27 頁、名古屋高判平 22.3.25 労判 1003 号5 頁
　【事案】
　外国人「研修」では、研修生に時間外研修をさせてはならないこと

とされているにもかかわらず、例えばこの制度を導入した会社は、中国人「研修生」らに長時間の時間外作業をさせ、これに抗議した研修生が仕事をボイコットしたところ解雇したケース。

判決は、下記のとおり判示し、研修生の残業代請求と最賃法違反を認めました。

> 「被告ら（研修生）の1年間の外国人研修生の期間中の研修の内容は、3日間の生活基本研修以外は全て実務研修であるが、これは本件省令及び本件告示に違反しており、被告らについてはそもそも外国人研修制度の要件を満たして」おらず、「被告らは、外国人研修生として原告（会社）の作業に従事していた期間についても最低賃金法に規定する労働者であり、最低賃金法の適用があるというべきである。」

同旨のものとして、

◉広島経済技術協同組合ほか（外国人研修生）事件・東京高判平 25.4.25 労判 1079 号 79 頁

中国人研修・実習生の残業代請求・最賃法違反を認めました。

2 「技能実習」制度

2009 年入管法改正では、研修制度と技能実習制度を統合した新たな在留資格「技能実習」をもうけ、この在留資格で入国した者に実務研修を行わせる場合には、労働契約にもとづく技能修得活動を行うことを義務づけ、これによって、技能実習全体について、労基法・最賃法等が適用されることや日本人労働者との差別が禁止されること（労基法 3 条）が明確となりました。しかし、技能実習生についても、賃金不払、最賃法以下の低賃金、日本人との賃金差別、異常な長時間労働その他の人権侵害の問題が後を絶たず、また、第一次受入機関のあり方や送出し国のブローカーの存在がさまざまな悪弊の根源となっていました。

　そうした実態の改善を目的として、2016年に「外国人技能実習法」が制定され、優良な監理機関・受入機関について、実習生の一旦帰国後、実技試験に合格した者の2年間の実習（技能実習3号）を認めることになり、また監理団体の許可制、実習実施者の届出制、技能実施計画の認定制などを設け、さらに新たな外国人技能実習機構を創設して監督体制の強化を図り、技能実習生への人権侵害行為の禁止規定と罰則も盛り込まれました。

3　入管法改正の動き

　わが国の入管法は、在留資格を失った外国人は全て収容する全件収容主義をとっていますが、難民申請中の外国人についても、難民申請は原則2回までとする仕組みを作ろうとするものです。2021年にも同様の法案が上程されたことがありますが、その際は名古屋入管に収容中だったスリランカ女性、ウィシュマ・サンダマリさんが死亡した問題を受けて、成立が断念されています。

4　技能実習制度解消の動き

　1993年に始まった技能実習制度は、人手不足が深刻化したわが国では、事実上労働力確保のための抜け道となっています。非熟練者を低賃金で雇える技能実習は企業にとって利点が大きく、実習生にとっても自国の何倍もの収入が得られる場合もあり、実習生は今や約32万5000人と（2022年末）、10年前の2倍と、外国人労働者の2割近くを占め、日本経済に不可欠の労働力となっています。

　他方、コロナ禍の終息を踏まえ、諸外国でも人材獲得競争の激化が見込まれる中で、技能実習制度を廃し、人材確保を目的とした制度として転職制度を緩和した新たな制度の創設が構想されています（2024年）。

第10章

さまざまな就労形態

Q1 シルバー人材センター

人材センターなどで就労する人々には、労働基準法などは適用されますか？

A シルバー人材センターが登録会員に提供する業務は、法形式としては「請負」又は「準委任」ですが、労務提供中の事故等については、就業先（発注者）から会員が指揮監督を受けて就業している場合には、センターが法的責任を負うものとされています。

••• 解説 •••

1　シルバー人材センター

　シルバー人材センター（以下「センター」）は、高年齢者等の雇用の安定等に関する法律（以下、「高年法」という。）に基づいて、定年退職者の希望に応じた就業機会確保を目的として、各市町村（特別区含む）の区域毎に1個、都道府県知事の指定により認められている公益法人であり、センター登録会員を対象として「臨時的かつ短期的な業務」（概ね月10日程度以内の就業）やその他「軽易な業務」（1週間あたりの就業時間が概ね20時間を超えないもの）を提供するものです。

　センターは、家庭、民間企業、官公庁などの発注者から、地域社会に密着した仕事（例えば清掃、除草、公園管理、ふすま張り、観光案内、福祉サービスなど）を受注し、その仕事を登録会員に、請負又は委任形式で依頼し、仕事に応じて報酬支払いし、現在ではこれに加えて登録社員のために有料職業紹介又は労働者派遣事業（届出、週40時間までの就業も可能とされている。高年法38条、39条など）を行っています。

　このようにセンターが登録会員に提供する業務は、法形式としては「請負」又は「準委任」とされているものの、他方では労務提供中の事

故等については、就業先（発注者）から会員が指揮監督を受けて就業している場合には、センターが責任を負うことになります。

◉T市シルバー人材センター事件・労働保険審査会裁決・平8.11.6労判708号99頁

【事案】

T市シルバー人材センターの登録会員が、ビル管理、設備会社に派遣されて体育館の受付案内・保安警備業務に従事していたところ、天井裏から墜落して即死したケース。

判決は、下記のとおり判示し、労災保険法上の労働者性が肯定されています。

「会社と被災者（会員）の間については、形式上は請負ないし準委任による就業がなされたものとして事務処理がなされているが、その実態をみると、①会社は業務受託契約上センター会員に対する指揮監督権を有し、被災者は仕様書等に従って業務を遂行することが求められているが、それは単なる注文者の指示の域を超えるものであり、仕様書等によって被災者は会社の指揮命令系統に組み入れられ、必要に応じて指示ないし指揮を受けていること、②派遣されるセンター会員の選定に際しても会社の関与がみられ、時間・就労管理も基本的には会社が実施し、被災者の就労実態も会社社員（アルバイト含む）と渾然一体となって勤務のローテーションと就業体制とに組み入れられていること」、(中略)「④センター会員に対する報酬についても、就業時間に比例し、かつ、超過勤務手当相当分、深夜手相当分が計上されているものと推認」されることから、「会社と被災者の間に使用従属関係が存すると言わざるを得ない。したがって、被災者は、本件事故当時、労災保険法上の労働者であったとみるのが相当である」。

＜類似判例＞

◉センター登録会員が、就労中に強盗に襲われて負傷したケース（平 16.12.20 裁決）

◉仕事中に負傷したケース（平 21.3.11 裁決）

　いずれも労災保険法上の労働者と認められています（厚労省 HP 労働保険審査会裁決例より）。

◉国・西脇労基署長（加西市シルバー人材センター）事件・神戸地判 22.9.17 労判 105 号 34 頁

　センター会員が金属加工会社に派遣されてプレス機に金型取付等を行っていたところ、プレス機が誤作動して指を切断する等したケース。会員には、就労先工場において、業務諾否の自由はなく、業務遂行上の指揮監督に服し、時間的・場所的拘束性もあり、割増賃金も含む時給で報酬が支払われていたことから、労働者性が肯定されています。

◉綾瀬市シルバー人材センター（II 業部）事件・横浜地判平 15.5.13 労判 850 号 12 頁

　センター会員が作業中に被災したケースで、労働者性が認められない場合でも、センターには信義則上負う健康保持義務違反があるとして、損害賠償が認められています。

◉大阪市シルバー人材センター事件・大阪地判平 14.8.30 労判 837 号 29 頁

　清掃作業中仕事の態度をめぐって上司から眼を殴打され失明したケースで、請負契約のもとでの指揮監督関係が肯定されてセンターの使用者責任が認められています。

　他方、

◉台東区シルバー人材センター事件・東京地判平 15.5.20 労判 850 号 88 頁［ダイジェスト］

　就労先である授産場からセンター会員を指導することは難しいと言われ、センターから就労委託も中止されたケースで、センターと会員との間の契約は、雇用ではなく業務委託契約であるとして、解雇権濫用法理の適用を否定しています。

Q2 障害者施設利用者

障害者施設利用者には労働法は適用されるのでしょうか？

A　障害者が、就労継続支援Ａ型事業型で雇用契約を締結して就労する場合、原則として労働基準法の適用を受け、Ａ型事業場で雇用契約を締結せずに就労したり、Ｂ型事業場で就労する場合、事業場への出欠、作業時間、作業量などの自由があることから、労基法の適用がないものとされています。

生活困窮者自立支援法に基づく就労訓練事業（いわゆる「中間的就労」）における就労形態については、「非雇用型」「雇用型」の２つが想定され、雇用型では労基法が適用されます。

••• 解 説 •••

1　障害者総合支援法

　現在わが国の障害者数は約964万人（令和2年現在、身体436万人、知的109万人、精神419万人）、人口の約7％に達しており、障害者に対する福祉的労働支援サービスとして、障害者総合支援法に基づく就労支援事業があり、その大略は以下のとおりであり（**図表11**）、それぞれ就労移行支援で約3.4万人、就労継続支援Ａ型約7.2万人、就労継続支援Ｂ型約27万人が利用しており、1人あたりの工賃（賃金）は、Ａ型の場合月額平均約8万円、Ｂ型の場合約1万6千円となっています。

2　障害者と労働法の適用

　障害者総合支援法で規定する就労継続支援により作業を行う障害者については、支援事業場の類型に応じて労働者性が判断されます。

　障害者が就労継続支援Ａ型事業型で、雇用契約を締結して就労する場合、原則として労基法の適用を受けます。他方障害者が就労継続支援Ａ

図表11 障害者総合支援法における就労系障害福祉サービス

	就労移行支援事業 （規則第6条の9）	就労継続支援A型事業 （規則第6条の10第1項）
事業概要	通常の事業所に雇用されることが可能と見込まれる者に対して、①生産活動、職場体験等の活動の機会の提供その他の就労に必要な知識及び能力の向上のために必要な訓練、②求職活動に関する支援、③その適性に応じた職場の開拓、④就職後における職場への定着のために必要な相談等の支援を行う。(標準利用期間:2年)※必要性が認められた場合に限り、最大1年間の更新可能	通常の事業所に雇用されることが困難であり、雇用契約に基づく就労が可能である者に対して、雇用契約の締結等による就労の機会の提供及び生産活動の機会の提供その他の就労に必要な知識及び能力の向上のために必要な訓練等の支援を行う。(利用期間:制限なし)
対象者	①企業等への就労を希望する者※平成30年4月から、65歳以上の者も要件を満たせば利用可能。	①移行支援事業を利用したが、企業等の雇用に結びつかなかった者、②特別支援学校を卒業して就職活動を行ったが、企業等の雇用に結びつかなかった者、③就労経験のある者で、現に雇用関係の状態にない者※平成30年4月から、65歳以上の者も要件を満たせば利用可能。

	就労継続支援B型事業 （規則第6条の10第2項）	就労定着支援事業 （規則第6条の10）
事業概要	通常の事業所に雇用されることが困難であり、雇用契約に基づく就労が困難である者に対して、就労の機会の提供及び生産活動の機会の提供その他の就労に必要な知識及び能力の向上のために必要な訓練その他の必要な支援を行う。(利用期間:制限なし)	就労移行支援、就労継続支援、生活介護、自立訓練の利用を経て、通常の事業所に新たに雇用され、就労移行支援等の職場定着の義務・努力義務である6月を経過した者に対して、就労の継続を図るために、障害者を雇用した事業所、障害福祉サービス事業者、医療機関等との連絡調整、障害者が雇用されることに伴い生じる日常生活又は社会生活を営む上での各般の問題に関する相談、指導及び助言その他の必要な支援を行う。(利用期間:3年)
対象者	①就労経験がある者であって、年齢や体力の面で一般企業に雇用されることが困難となった者、②50歳に達している者又は障害基礎年金1級受給者、③①及び②に該当しない者で、就労移行支援事業者等によるアセスメントにより、就労面に係る課題等の把握が行われている者	①就労移行支援、就労継続支援、生活介護、自立訓練の利用を経て一般就労へ移行した障害者で、就労に伴う環境変化により生活面・就業面の課題が生じている者であって、一般就労後6月を経過した者

型事業場で、雇用契約を締結せずに就労したり、Ｂ型事業場で就労する場合、事業場への出欠、作業時間、作業量などの自由があり、指揮監督を受けることなく就労するものとされていることから、労基法の適用がないものとされています（平18.10.2基発1002004号、平19.5.17基発0517002号）。

労組法上の労働者性が争われた沖縄県身体障害者福祉協会事件では、沖縄県身体障害者福祉協会が運営するＢ型事業場(Y)利用者であるＡらの加入する太希おきなわ自立労働組合が、Ｙに団交を申し入れたものの拒否されたケースで、中央委は、①Ａらは、Ｙ事業が利用者に提供する事業活動に労働力として組込まれていないこと、②施設の生産活動と工賃の間に労務供給の対価性がないこと、③生産活動に対する指導は訓練としてのものであり、それを超えた作業上の指揮・監督・命令と認めることはできないとして、Ｂ型事業場利用者の「労組法上」の労働者性を否定しています（中労委命令平28.12.21）。

上記施設以外（小規模作業所など）で作業に従事する障害者については、厚労省は訓練等の計画の有無で労働者性を判断しています。

3　生活困窮者自立支援法

生活困窮者自立支援法（2013年）に基づく就労訓練事業（一般就労に就くことが困難な者に対して提供されるいわゆる「中間的就労」）における就労形態については、雇用契約を締結せず訓練として就労を体験する段階（いわゆる「非雇用型」）と、雇用契約を締結したうえで支援付きの就労を行う段階（いわゆる「雇用型」）の２つが想定され、雇用型とされた場合には労基法上の労働者に該当し、非雇用型の場合には労基法上の労働者に該当しないものとされています。もっとも、ここで非雇用型と決定された場合であっても、その実態として、指揮監督を受けて労働しその対償として報酬を受けている関係にあるときには、労基法上の労働者と認められ、最賃法、労災保険法等の労働基準関係法令が適用されることになります。

Q3 ボランティア

Aさんはボランティアセンターに登録し、被災地でガレキ処理をしていたところ、足にケガをしてしまいましたが、労災保険は適用されるのでしょうか。
また足の不自由な高齢者の通院介護のボランティアをしていたところ、うっかり目を離したすきに転倒してケガをさせてしまった場合、責任が発生するのでしょうか。
この場合ボランティアセンターにも責任があるのでしょうか？

A ボランティアは自発的意思に基づくものであるかぎり、原則として労災保険の対象外とされます。またボランティアは、たとえ無償活動であるからといって、通常人としての注意義務を果たす責任があり、それを怠った場合には法的責任を問われ、ボランティアセンターも、ボランティアに対する適切な指示を怠っている場合などには法的責任を問われることがあるでしょう。

•••解説•••

1　ボランティア

　ボランティア（Volunteer）は、今日一般には社会に起こるさまざまな問題や課題に対し、個人の自発的な意思（自発性・自主性）に基づいて、金銭的な対価を求めずに（無償性）、社会的貢献を行う（利他性）人々もしくはその活動のことと理解されています。ボランティアは元来、志願兵あるいは義勇兵を意味していましたが、今日では前述した意味で、一般に「自発性・無償性・利他性」を原則とする活動のことであり、近年のボランティア（活動）の多様化の中で、「ボランティア」と称しつつ「自発性」に基づかないもの（学校教育や企業研修の一環など）

や、実費弁償や一定額の報酬を得るもの（いわゆる「有償ボランティア」）も登場するようになってきており、それに伴ってボランティアの性格も多様なものとなっています

　このように今日わが国では、地震や台風などの自然災害のみならず、介護施設や病院などでの介助医療活動や観光地でのガイドなど、さまざまな分野で活動しているのが今日のボランティアの特徴といえましょう。

2　ボランティアの「労働者」性

　ボランティアは前述したとおりさまざまな活動形態をとっており、ボランティアと受入事業者もしくは利用者との間に、何らかの契約（委任）関係が成立しているとされる場合から、契約の成立自体を問題となし得ない、単なる人々の日常的接触にすぎないものまで種々であり、その法的性格を検討するに際しては、個々のボランティア活動の実態に即して判断せざるを得ないことになります（**図表12**）。

図表12 「ボランティア」の内容

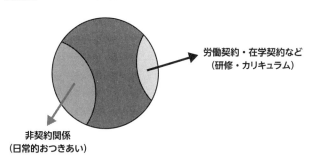

労働契約・在学契約など
（研修・カリキュラム）

非契約関係
（日常的おつきあい）

　一般にボランティアは、本件のような活動を自発的意思に基づいて無償で行うことが典型的なケースであり（ただし、交通費等の実費は報酬として含まない）、このような場合、ボランティアと受入事業者（利用者）との間には、ボランティア活動としての役務提供について、原則として無償準委任類似の関係が成立しているとされる場合が多いとい

えます（民法656条）。したがってボランティア活動は、それが自発的意思に基づく活動であるかぎり（たとえ定額の報酬を得ていても）、自己の責任に基づいて労務が提供されるものとして、原則として、事業者（利用者）との間に「使用従属関係」が認められることはなく、労災保険等の労働諸法規の適用はないといわざるを得ず、このような場合、ボランティアを行った人がたとえケガをしたとしても、自己負担とならざるを得ないのです。

　ちなみにこのような場合に備えて、すでに民間損保会社などでボランティア保険が売り出されており、そのリスクに対応して2つのタイプがあり、第1は、ボランティア活動を担う人々が受傷した事故に対応したものであり、第2は、ボランティア活動中に相手方に加えた事故に対する責任に対応したものです。

　本件のボランティア活動中の事故は、前者に対応するものとして、ボランティア保険の適用対象になります。もっとも受入事業者すべてが、ボランティア保険に加入しているわけではないので、ボランティア活動をする際には、必ず事業者によく確認しておく必要があるでしょう。

　これに対して学校教育や企業研修の一環として行われる「ボランティア活動」は、学校や企業との在学契約や労働契約に基づき、教育や研修等の手段としてボランティアを行い、その提供場所として受入事業者（利用者）が指定されているにすぎないものと考えるべきことになり、自発的意思に基づくものとはいえ、言葉の用法は別として、本来の意味での「ボランティア」活動とはいい得ないものであり、学校や企業活動の一環として行う「ボランティア」で本人がケガをした場合、前者では学校災害、後者の場合労災として、それぞれ保険適用の対象ということになるでしょう。

3　ボランティアの法的責任

　ボランティアが、無償の奉仕活動であるからといって、法的責任が

軽減されたり消滅したりすることはなく、ボランティアは給付（サービス）内容の履行について、通常人としての職業や生活状況に応じて要求される基本的な注意義務（善管注意義務）を負っているのです（民法400条・415条・644条など）。なぜならば、たとえボランティアといえども、給付内容の履行をしている間は、相手方に損害を与えないように活動することが信義則上要請されるのであり、そのようなものとして通常人としての善管注意義務を負うべきだからです。特に介護サービスにおいては、サービス内容が心身に支障ある当事者（利用者）の介護という、心身の安全確保が要請される者に対する労務提供行為であることから、ボランティアが無償であるとしても、サービス内容の履行につき、心身の安全確保に要請される善管注意義務を負っているといえます。ボランティアは、たとえ無償であるからといって、介護サービスを行っている際は注意義務の程度は軽減されるべきでなく、利用者にケガをさせた場合などは、当該ボランティアは法的責任を問われることになるというわけです。

　裁判例としては次のようなものがあります。

●文京区社会福祉協議会事件東京地判平10・7・28判時1665号84頁
【事案】
　ボランティアセンターから派遣されたボランティアが、左半身麻痺のため10分ほど立っていることはできるものの近位監視歩行が必要な障害者の歩行介助をしていた際、タクシーを呼びに行って5分間ほどいない間に転倒骨折したケース。
　判決は、下記のとおり判示しています。

　　「ボランティアとしてであれ、障害者の歩行介護を引き受けた以上、右介護を行うに当たっては、善良な管理者としての注意義務を尽くさなければならず（民法644条）、ボランティアが無償の奉仕活動であるからといって、その故に直ちに責任が軽減されることはな」く、「歩行介護を行うボランティアには、障害者の身を案ずる身

　内の人間が行う程度の誠実さをもって通常人であれば尽くすべき注
　意義務」があるとされたものの、具体的にはボランティアが利用者
　に的確な指示をしており、必要とされる注意義務は尽くしていると
　して、ボランティアとボランティアセンターの使用者責任を否定し
　ています。

●津地判昭58・2・25判時1083号125頁

　無償で幼児を預かっていたところ溺死したケースにつき、民法709
条の責任を認めつつ損害額について無償性を理由に大幅な減額をし
た。

　この場合の法的責任の根拠としては、ボランティアと利用者との間
に無償準委任契約類似の責任や（民法644条）、不法行為責任とされる
でしょう（709条）。このような場合、利用者の身体的事情等はむしろ
「過失相殺」の問題として、損害額の軽減を図るべきでしょう（418条・
722条）。

Ｑ4 同居の親族や家事使用人

使用者と同居している家族や家事使用人の労働者性とはどのようなものでしょうか？

A 労働基準法は、同居の親族のみを使用する事業には適用されません（同116条2項）。労基法は、主として行政的取締や刑事制裁を課すことを通して労働者保護を図ることを目的としていますが、同居親族間のトラブルに関してまで法的規制を行うことが事実上困難かつ不適切と考えられていることによります。同じ趣旨で、家事一般に従事する労働者である家事使用人も、労基法の適用除外とされています。

・・・解 説・・・

1　同居の親族

　労基法は、同居の親族のみを使用する事業には適用されません（116条2項）。労基法は、主として行政的取締や刑事制裁を課すことを通して労働者保護を図ることを目的としていますが、同居親族間のトラブルに関してまで法的規制を行うことが事実上困難かつ不適切と考えられていることによります。「親族」（民法725条）とは、6親等、配偶者、3親等内の家族をいい（但し行政解釈では、「配偶者」は含まれないものとする。昭24.2.5基収409号、昭63.3.14基収150号、平11.3.31基発168号）、「同居」は世帯を同じくして常時生活を共にしていることを意味し、住民基本台帳上の「世帯」のみならず、実態に基づいて判断されるものとされています。

　同居の親族以外の者が1人でも使用されていれば、労基法の適用の対象とされることになりますが、この場合解釈例規は、同居の親族について、原則として事業主と同一の地位にあるとして労働者性を否定

し、例外的に業務を行うにつき、事業主の指揮命令に従って行われ、かつ就労実態が他の労働者と同様である場合にのみ、労働者性を肯定しています（昭54.4.2基収153号）。

　これに対して次の裁判例は、下記のとおり判示し、行政解釈を否定し、労基法9条に則って判断すべきとしています。

◉国・甲府労基署長（甲野左官工業）事件・甲府地判平22.1.12労判1001号19頁

　　　「同項（116条）は、同居の親族のみを使用する事業を労基法上の事業から除外する規定であり、同居の親族を除外する規定でな」く、「更に、同居の親族の労務の提供実態は様々であるから、実質的に使用従属性等の有無を判断するのが相当であり、原則として労働者性を否定するという被告（国）の解釈は採用できない」

　親族の労働者性が争われた裁判例の大半は労災適用の事例であり、具体的には、他の従業員と同様の指揮命令を受けていたかや報酬の多寡（例えば小遣い程度かなど）で判断が分かれることになります。

(1)　労働者性が否定されたケース

◉北見労基署長事件・札幌高判昭50.5.28労民集26巻3号459頁

　製材業を経営する父の跡取りとして見習いをしていた息子につき、他の職工と比較してボーナスが低く残業代も支払われなかったことから、報酬は労務の対象というよりは小遣いであるとして、労災保険法上の労働者性が否定されています。

◉宇都宮労基署長（八汐エンタプライズ）事件・宇都宮地判昭62.11.26労判509号16頁

　夫の会社で経理等の一般事務を行っていた妻について、拘束性が希薄で妻としての協力の一環であったとして、労災保険法上の労働者性が否定されています。

(2)　労働者性が肯定されたケース

◉いせや事件・大阪地決平3.4.8労判590号50頁

　息子の経営する会社（パチンコ店）を手伝っていた76歳の母親を解

雇したケースで、判決は「原告（母）は、76 歳と高齢でもあるので、他の従業員に比較して労働時間等を含め厳格な労働条件が適用されていなかったとも考えられるが、原告は、開店日には朝から閉店時間以降まで店舗に出て稼働していたのであるから、原告が会社の従業員であることを否定することはできない」旨述べ、母親の労働者性を肯定し解雇無効と判断しました。

◉大阪中央労基署長（弘容商事）事件・大阪地判平 11.7.28 労判 776 号 60 頁

　労災保険に特別加入していた喫茶店の経営者の発症が保護範囲の業務により生じたものか否かが争われたケースで、同居していない姪及び他の従業員と同じ処遇を受けていた同居の娘の労働者性を肯定しています。

◉京都上労基署長（豊田染工場）事件・京都地判平 4.11.30 労判 624 号 38 頁

　義父が経営する工場でミシン掛け作業をしていた長男の妻の労働者性が肯定されています。

◉前掲国・甲府労基署長（甲野左官工業）事件・甲府地判平 22.1.12 労判 1001 号 19 頁

　左官業を営む父の下で左官業に従事していた息子の労働者性が肯定されています。

2　家事使用人

　いわゆる家政婦などは、住み込みの有無に関わらず、家事一般に従事する労働者である家事使用人として、労基法の適用除外とされています。労基法の適用から家事使用人を排除した趣旨は、その労働が通常の労使関係と異なり、家庭生活と密接に関係した補助的業務であり、行政的・刑事的サンクションを伴う国家法の適用が困難かつ不適当との趣旨からとされています（医療法人衣明会事件・東京地判平 25.9.11 労判 1085 号 60 頁など）。家事使用人の該当性判断は「作業の種類、性質の問題を勘案して具体的に当該労働者の実態により対応すべき」とされ（前掲基発 150 号、同基発 168 号）、例えば「法人に雇われ、その法人役

員の家庭において、その家主の指揮命令下で家事一般に従事している者は家事使用人に当たる」（労基法の適用はない）ものの、他方「個人家庭における家事を事業として請け負う者に雇われて、その指揮命令の下に当該家事を行う者は家事使用人に該当しない」（労基法の適用あり）とされています。また労働者が家事一般とそれ以外の業務に従事している場合について、行政解釈及び裁判例は、主たる業務を基準に判断すべきとしています（昭 24.4.13 基収 886 号）（→ケーススタディ Q10）。

◉前掲医療法人衣明会事件・東京地判平 25.9.11 判時 87 巻 2 号 126 頁

【事案】

　クリニック経営の女医の自宅で、同人の幼児を、土日を除き 1 日 8 時間ずつ 3 人交替制でタイムカードとマニュアルに従って業務遂行していたベビーシッターらが、残業代請求をしたケース。

　判決は、下記のとおり判示しています。

> 　原告らについては、その労働条件や指揮命令の関係等を外部から把握することが比較的容易であったといえ、かつ、これを把握することが、丙川家における私生活上の自由の保障と必ずしも密接に関係するものともいい難いというべきであるから、原告らを労働基準法の適用除外となる家事使用人と認めることはできない。

◉福生ふれあいの友事件・東京地立川支判平 25.2.13 労判 1074 号 62 頁

　同じく介護老人ホームにおける住み込みのヘルパーの家事使用人該当性について、要介護者に対する介護業務が日常の家事と同様に軽度の労働ということはできないとしてこれを否定しています。

Q5 労働者協同組合（ワーカーズ・コープ）の組合員

いわゆるワーカーズ・コープの組合員の労働者性はどのようなものでしょうか？

A 労働者協同組合は、労働者が組合員として共同出資し事業経営を行うもので、労働者は組合の構成員であるとともに組合から指揮監督を受けて働き、その対価として報酬を受ける実態がある場合、労基法等の適用を受けることになります。

・・・解 説・・・

1　ワーカーズ・コープ、NPO、企業組合

　労働者協同組合（ワーカーズ・コープ）は、コープの名前が示すとおり、いわば生協の労働版で、労働者が企業に雇われるのではなく、ワーカーズ・コープに加入した組合員が、共同で出資、経営（意見反映）、労働の３つの役割を担う組織であり、これまでわが国では、ワーカーズ・コープ（コレクティブ）などの名で呼ばれてきていましたが、根拠となる法律がなかったことから、他のボランティア団体や法人格（NPO、企業組合）などを活用して運営してきたのです（**図表13**）。

図表13 労働者協同組合、NPO、企業組合の形態

	企業組合	NPO法人	労働者協同組合
出資	○	×	○
設立	認可主義	認証主義	準則主義
活動	営利	非営利	非営利

　この中でも NPO 法人は、1998 年特定非営利活動促進法により、法人としての成立が認められたもので、「特定非営利活動」は、「特定かつ多数のものの利益の増進に寄与することを目的とする」（2 条）とされていますが、法人の構成員に利益の還元をしてはならず（もっとも目的事業のさらなる強化を図るために活動を行う等の収益を得る行為を制限するものではない）、設立要件として事業分野が限定され、設立登記の自治体への提出義務、貸借対照表の公告義務（28 条）等認証基準が厳しく、しかも財政的には出資が認められず、寄付や借入に頼らざるを得ないことから、経営基盤が脆弱になりやすいのです。

　他方企業組合（2007 年改正中小企業組合法）は、出資配当を目的とした営利法人とされており、いずれもワーカーズ・コープ本来の役割とは齟齬があり、主として地域貢献を目的とした非営利で簡便に法人設立できる制度が求められていたものです。

2　労働者協同組合法

　労働者協同組合法（令和 2 年 12 月成立、令和 4 年 10 月 1 日施行）では、組合が一定の要件を満たす場合に法人格付与をすることにしており、組合は組合員（一部の役員を除く）との間で、労働契約を締結することを義務付けています（同法 20 条）。

　即ち、

- 組合の基本原理に基づき、組合員は、加入に際し出資をし、組合の事業に従事する者とする。
- 出資配当は認めない（非営利性）。余剰金の配当は、従事分量による。
- 組合は、組合員と労働契約を締結する（組合による労働法の遵守）。
- その他、定款、役員等（理事、監事・組合員監査会）、総会、行政庁による監督、企業組合又はＮＰＯ法人からの組織変更、検討条項（施行後 6 年）等に関する規定を置く

等とされています。

　このように、労働者協同組合法では、組合は出資を認められている
ため、NPO よりも経営基盤が強化されており、設立は準則主義とされ
ていることから、3 人以上の発起人により公証人による定款の認証を
受け登記すれば設立できるとされており（NPO は所轄庁の認証が必要）、
従来地域事業を担ってきた企業組合や NPO よりも手続が簡単となっ
たことから、高齢化や過疎化が進む地域で、それぞれの活動に応じた
事業の取組が促進され、多様な就労機会が創出されることが期待され
ています。

3　裁判例

◉企業組合ワーカーズ・コープ轍・東村山事件・東京地立川支判平 30.9.25,
　東京高判令元 .6.4 労判 1207 号 38 頁

【事案】

　労働者協同組合法成立前の裁判例として、中小企業協同組合法に基
づく企業組合として設立され、組合の理事長を含む全員が拠出金とト
ラックドライバーとしての労働力を提供し合って活動するとともに、
メンバー全員が同等の立場で組合運営をし、荷物配達事業に従事して
いた組合員の労働者性が争われたケース。

　地裁判決は、下記のとおり判示し、高裁も一審判決を認容していま
す。

　　　「『労働者』であるか否かについては、『使用される＝指揮監督下の
　　労働』という労務提供の形態（中略）及び『賃金支払』という報酬
　　の労務に対する対償性、すなわち報酬が提供された労務に対するも
　　のであるかどうかということによって判断すべきと解される（『使用
　　従属性』の判断）。もっとも、現実には、指揮監督の程度及び態様
　　の多様性、報酬の性格の不明確さ等から、『指揮監督下の労働』で
　　あるか、『賃金支払』が行われているかということが明確性を欠き、
　　これらの基準によって『労働者性』を判断することが困難な場合も
　　あるが、このような限界的事例については、『使用従属性』の有無を

判断するにあたり、事業者性の有無や報酬の額等の諸要素をも考慮して、『労働者性』の有無を総合判断すべきである。

　被告はワーカーズ・コレクティブではあるが、その一事をもって当然に組合員の『労働者性』は否定されず、使用従属性の判断に加え、事業者性の有無等についても慎重に検討の上、その『労働者性』を判断する必要がある。」

　「被告においては、理事長を含むメンバー全員が拠出金とトラックドライバーとしての労働力を提供し合って活動しており、理事長ら役員と原告を含むその他のメンバーの地位との間に大きな差はなく、メンバー全員が、同等の立場で、多数決により被告の運営に実質的に関与しており、その組合員は、主体的に出資し、運営し、働き、共同で事業を行っていたものといえるから、原告は組合員として事業者性が肯定され、その労働を他人の指揮監督下の労働とみるのは困難である。」「そうすると、原告は労基法9条の『労働者』に該当するとは認められないから、原告に労基法37条1項は適用されず、同上に基づく時間外労働割増賃金支払請求権は成立する余地がない」

Q6 研修生など

いわゆる研修生には、労働基準法の適用はあるのでしょうか？

A 会社が「研修生」を受入れて就労させ、指揮命令関係が認められる場合には、労基法の適用を受けることになり、インターンシップについても、会社の指揮命令関係が認められる場合には同様となります。

••• 解 説 •••

1 研修生

　会社が自社の労働者に対し、技能や一定の資格取得のため外部機関による研修を受けさせている場合、原則としてこれらの者が労基法の適用を受け、労基法も第7章「技能者の育成」で、徒弟、見習、養成工など技能習得を目的として養成する者を「労働者」と位置付けて規制をしています。

　同じく会社が研修生を受け入れて従業員と同様に就業させて、指揮命令関係が認められる場合には、労基法が適用されることになります。看護婦（師）養成所の生徒について、解釈例規では、生徒は原則として労働者ではないものの、生徒の管理について責任者が定められることがなく、生徒の教習と一般看護婦の労働が明確に区別されていない場合などは、労働者とされるとしています（昭24.6.24基発648号、昭25.11.1婦発第291号、平9.9.25基発648号）。

2 労働者性が肯定された裁判例

●関西医科大学研修医（未払賃金）事件・最二小判平17.6.3民集59巻938頁
　大学病院で臨床研修を受けている研修医について、臨床研修は医師

の資質の向上を図ることを目的とするものであり教育的な側面を有しているが、指導医の指導の下に医療行為等に従事することを予定するものであり、病院開設者のための労務の遂行という側面を不可避的に有するとして、労基法上の労働者性を肯定しています。

●アサクラ電機事件・大阪地判平 29.3.7 労働判例ジャーナル 64 号 40 頁

【事案】

フランチャイザーおよびフランチャイジーとの三者間契約に基づき、「開業者研修生」という名称で、奨励金を支給されてフランチャイジーの店舗で働いていた研修生が、実際は出退勤管理が行われ会社の業務指示に従っていたケース。

判決は、次のとおり判示し、労働者性を肯定しています。

> 独立開業を前提とした研修生であれば労働者に当たらないというのであれば、企業が、将来的に自社のフランチャイズ等になることを前提とした研修制度を設け、日常の業務の中で技術・ノウハウを取得させるとして、協力店で日常業務に従事させることとすれば、労基法等の労働関係法令の規制を潜脱しながら自社の業務に従事させることが可能となるが、そのような事態を招くこととなっては、労働者の保護を図ることができないこととなる。

3　労働者性が否定された裁判例

●ユーロピアノ事件・東京地判平 14.12.25 労経速 1838 号 3 頁

【事案】

音楽大学を卒業し、楽器販売会社で、ピアノ販売に関する知識・技術習得を目的とする「ピアノ調律技能者研修生」として当初 6 か月間は原則無給とする約定で採用され、ピアノの運搬・出荷作業等に従事していた者が、研修期間中に会社担当者から掃除や朝礼で痛罵等されたり、「営業をやりたいなら他者で就職活動をした方がいい」と言われたりして研修途中で退社を余儀なくされたとして、不法行為による損害賠償等を請求したケース。

判決は、以下のとおり判示し、研修生の労働者性を否定し、棄却しています。

> 「本件契約書には労働の対象として賃金を支払うことやその金額、賃金支払開始の具体的時期についての記載がなく、報酬乃至賃金の支払いが当事者の合意の内容となっていないことが認められ」（中略）、「労働契約の不可欠な要素である労働の対象として支払われる賃金についての合意がないから、本件契約は労働契約ではない」等として請求を棄却し、不法行為による損害賠償請求については、トイレ掃除や痛罵等については「事実を認めるに足りる的確な証拠はない」

＜類似判例＞

●共同印刷事件・東京地決昭 28.7.7 労経速 133 号 18 頁

【事案】

印刷会社が学校の委託を受けて施設内で生徒を就労させながら技術指導をしていたところ、生徒が退学処分を受けたことから会社も就労を拒否したケース。

判決は以下のとおり判示し、研修生の労働者性を否定しています。

> 「会社が生徒を雇入れて労働させているのではなく、むしろ学校が主体となって会社と契約して、いわゆる働かせながら学ばせるために、生徒をその管理のもとに会社で働かせ、その勤労の結果としての手当をうけて生徒に交付するとともに、学校の教科の一部として実習させているものであり、会社は学校の依託によりその施設を供して学校の実習課程に協力し、右実習の内容として生徒を就労させその労働力を得るとともに技術の指導に当っているものと認めるのが相当であ」り、「前記のような一見会社の従業員と類似する待遇ないし取扱いは、すべて生徒の就労状態に応じた便宜上の措置というべきであって、雇用関係に由来するものとは認められない。」

4　インターンシップ

　また学生が在学中に、一定期間企業などで研修生として活動するいわゆるインターンシップについては、その内容が「見学や体験的なものであり、業務に係る指揮命令を受けていると解されないなど使用従属関係が認められない場合には、労基法上の労働者には該当しないが、直接生産活動に従事するなど当該作業による利益・効果が当該事業場に帰属し、かつ、事業場と学生との間に使用従属関係が認められる場合には労働者に該当すると考えられる」とする解釈例規があります（平9.9.18 基発 636 号）。

第11章

プラットフォームワーカー

Q1　フリーランス・プラットフォームワーカー

フリーランスとプラットフォームワーカーとの関連はどのようなものですか？

A　大半のフリーランスは、税務上も個人事業主として申告しており、ユーザー企業との間の契約が、形式上請負又は委任（準）であっても、実態として雇用とみられる場合、労働諸法規の適用が問題となります。プラットフォームワーカー（またはクラウドワーカーなど）は、今日インターネットを介して仕事をするフリーランスの典型形態と言え、ウーバーイーツなどのプラットフォーム参加の事業者から、アプリ等のインターネット端末を介してオンライン上での注文に応じてさまざまな仕事をする人々のことを意味しており、いわばプラットフォームを利用するフリーランスの一形態です。

・・・解説・・・

1　フリーランス・個人事業主

　フリーランス（free lance）は法令上の用語ではなく、一般に特定の企業や組織に属することなく、自身の経験や知識、スキルを活用して収入を得る、いわゆる個人事業主と呼ばれる人を意味しており、契約形態は企業から請負ったり委任（準委任）を受けて業務を行い、収入は事業所得として個人で申告します（したがって法人を設立して税務申告をするフリーランスは、税務上個人事業主ではないことになります）。

　もっとも大半のフリーランスは、税務上も個人事業主として申告しており、むしろ問題はユーザー企業との間の契約が、形式上請負又は委任（準）であっても（特に継続的関係の場合）、実態として雇用とみられる場合、労働諸法規の適用が問題となります。

　元来フリーランスの語源は、中世に、王や貴族たちによって戦争の際に傭兵として雇われた人々のうち、傭兵団から離れて（free）、戦闘に参加する槍騎兵（lancer）たちを指す言葉として用いられていましたが、近年のインターネット等の発達により、テレワークやクラウドワークに従事する人々に用いられるようになったのです。

2　プラットフォームワーカー

　プラットフォームワーカーは、今日インターネットを介して仕事をするフリーランスの典型形態と言えます。

　プラットフォームは「台」や「舞台」と和訳されており、インターネット上のプラットフォームは、情報や商品サービスなどの基盤や環境を提供するウェブサイトを意味しており、これらのプラットフォームを運営管理する者はプラットフォーマー（事業者）と呼ばれており、インターネット上の利用者（企業や消費者）のサービスや商品の取引、情報交換のいわば「舞台係」の役割を果たしているといえます。

　プラットフォーマーには、アマゾンや楽天などのように、プラットフォーム上の参加事業者と消費者の商品やサービスの取引を媒介し、その利用料を徴収するタイプと、フェイスブックやSNSなどのように、プラットフォーム上での利用者による動画投稿サイト、掲示権などを閲覧者に対して情報発信を行い、広告配信料を徴収するタイプがあります。

　プラットフォームワーカー（またはクラウドワーカーなど）は、前者のタイプに属し、ウーバーイーツなどのプラットフォーム参加の事業者から、アプリ等のインターネット端末を介してオンライン上での注文に応じてさまざまな仕事をする人々のことを意味しており、いわばプラットフォームを利用するフリーランスの一形態として、今日労働者性が問題となっているのです。

3　労働法適用の可否

　フリーランスとユーザー企業の契約内容の実態が、A社（使用者）の指揮命令の下で労働し、「賃金」を支払われていると認められる場合、労働契約と認定され、労働法上の保護が及ぶことになります（労基法9条、労契法2条1項）。具体的には、①仕事の依頼、業務の指示等に対する諾否の自由の有無、②業務の内容および遂行方法に対する指揮命令の有無、③勤務場所・時間についての指定・管理の有無、④労務提供の代替可能性の有無、⑤報酬の労働対償性、⑥事業者性の有無（機械や器具の所有や負担関係や報酬の額等）、⑦専属性の程度、⑧公租公課の負担（源泉徴収や社会保険料の控除の有無）の諸要素を総合的に考慮して判断されることになります（→Ⅰ Q2参照）。

Q2 クラウドワーカー

クラウドワーカーとはどのような仕事形態を指すのでしょう？

A　クラウドワーカーは、インターネットを介するサービスであるクラウドソーシングを用いて仕事をしている人々のことであり、クラウドソーシング上で、不特定多数の発注者と受注者を募る「仲介業者」はプラットフォーマーと呼ばれています。

・・・解説・・・

1　クラウドワーカー

　クラウドワーカーは、インターネットを介するサービスであるクラウドソーシング（crowd 群集 sourcing 業務委託を組み合わせた造語であり、クラウドワークとも呼ばれる）を用いて仕事をしている人々のことであり、クラウドソーシング上で、不特定多数の発注者と受注者を募る「仲介業者」はプラットフォーマーと呼ばれています。今日このようにインターネット経由で、単発・短期の仕事を請け負う仕事やクラウドワーカーなどの非正規労働によって成り立つ経済のことをギグエコノミー（Gig ギグとは元来、ミュージシャンによる単発のライブ演奏を指していましたが、転用されて「単発の仕事」を意味する）とも呼ばれています。

2　クラウドワーカーの仕事内容

　クラウドワーカーがネットを介してやり取りする主な仕事内容は、ウェブのデータ入力、ライティング、デザイン、システム開発、翻訳や配車サービス、デリバリー、宅配など多種多様であり、従事する人々も、専門知識のない人からプロまで広範に亘り、これらの人々の報酬

額に応じて5〜20％程度がプラットフォーマーの利用料とされています（インターネットを用いて仕事をするテレワーカーもクラウドワーカーの一形態といえる）。

　クラウドソーシングの仕事方式は、一般にデータ入力などの「タスク」型、ソフト開発などの「プロジェクト」型、デザイン作成などの「コンペ」型に大別されています（ 図表14 参照）。

図表14 クラウドソーシングの構造（「タスク」型）

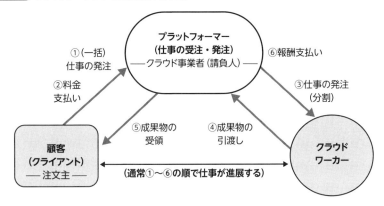

クラウドソーシングでは、プラットフォーマーが委託者（企業）と受託者（働き手）をサイトでマッチングし、発注、働き手の募集・選定、納入、報酬決済までをネット上で済ますので、企業にとっては業務を外部発注することで人材や設備などのコストを削減して、経営資源を主力業務に集中でき、世界中の安価な労働力を活用でき、他方働き手にとっても、在宅で仕事をできる利点があります。このような仕事形態は、アメリカで2000年代初頭に始まり瞬く間に世界に広がり、特にコロナ禍で急速に増加し、日本でもフリーランス（兼業・副業含む）の人口は民間企業調査では、2021年現在1577万人に達し、そのうち約半数の53.2％、約830万人がクラウドワークに従事していると推計しています（ランサーズ『新フリーランス実態調査2021〜2022年版』2021年11月12日発表）。

3　クラウドソーシングの法律関係

　クラウドソーシングの典型である、いわゆる「タスク」型を前提に述べることにしましょう。「タスク」型の場合、一般にクラウド事業者（プラットフォーマー）が、クライアントから業務（データ入力や収集など）を一括受注し、それを不特定多数のワーカーに分割発注するものであり、通常それぞれに業務委託（請負又は準委任）が成立し（民法632条）、クラウドワーカーは、クラウド事業者の事実上の履行補助者の関係になりますが、クラウドワーカーとクライアントとの間には、契約関係が成立しないとされています（**図表14**）。

　即ち、クライアント（注文主）とクラウド事業者（請負人）間では、請負人であるクラウド事業者が、クライアントに仕事の完成（＝納期に成果物を注文者に引渡す）を約し、注文者がこれに対して対価（＝料金）支払いを約することになり（通常支払時期は契約成立時、終了時等の分割払）、仕事に関する作業管理、指示、監督等の責任は請負人である事業者が負い、これを受けて事業者がクライアントに仕事を発注し、これに対してワーカーが成果物を事業者に引渡し、事業者の「検収」を経て、ワーカーに報酬支払いがなされることになります。したがって合意・規定された成果物が完成しても、成果物が発注条件に合致していることを確認するという「検収」が終了しないかぎり、事業者からワーカーへの報酬支払いはなされないことになります。このようにクラウドワーカーは、プラットフォーマーとは、非対等な関係にあり、事実上使用従属関係におかれることから、後述のとおり世界各国ではクラウドワーカーの保護が問題となっているのです。

Q3 クラウドワーカーと労働法

Aさんらは数人で、Bクラウド事業者から発注を受けてデータ処理を手分けして処理していますが、Bクラウド事業者から、最近急に当初の1件30円から20円に値下げすると通知されてしまいました。AさんらはBクラウド事業者と値下げ撤回の集団交渉をしたいのですが可能でしょうか？
労働基準監督署に訴える方法はどうでしょうか？

A クラウド事業者とクラウドワーカー間の法律関係は、原則として請負関係と考えられていますが、これらの間に「使用従属関係」がある場合には、労組法上の「労働者」と認められ、クラウドワーカーの報酬に関して団体交渉が可能とされ、また労基法上の「労働者」と認められる場合には、差額料金請求が可能とされることもあるでしょう。労基署に相談してみましょう。

・・・解説・・・

1　クラウドワーカーと労働法適用の可能性

本問では、クラウドワーカーと事業者との間にデータ処理業務を目的とした請負契約が締結されているにもかかわらず、何故に労働法（労組法）の適用が問題となるのでしょうか？

クラウド事業者とワーカーとの間は、契約形式としては請負であるものの、契約内容の実態をみると、最も重要な契約条件であるワーカーの「報酬」の決定・変更は、事業者によって一方的に決定されており、しかもクラウド事業者は、成果物の品質管理のため、通常ワーカーの仕事過程につき、スマホやパソコンを通して管理監督をしています。このような場合にはクラウド事業者とワーカーとの間に「使用従属関係」が成立し、労働法規適用の可能性がでてくることになるで

しょう。

　即ちクラウド事業者とワーカーとの間は、最も重要な契約条件であるワーカーの「報酬」の決定・変更は、事業者によって一方的に決定されており、本件では1件30円から20円へと値下げされ、登録ワーカーは、事業者からの業務注文に対して、一定時間（例えば30分）内に受注しない場合は注文拒否とみなされたり、データ処理の成果物について、検収率が85%を下回った場合には、自動的に登録取消＝契約解除とされる等、契約内容の重要な部分並びに終了について、事業者に一方的な決定権が付与されており、民法が想定する対等な契約内容となっていないのです。

2　労組法の適用

　ところで労働関係の「当事者」である「労働者」について、前述したとおり、個別的労使関係と集団的労使関係の当事者について、別個の概念として把握し、前者には労基法・労契法、後者には労組法等が適用されるとの理解が定着してきており、しかも後者の場合の「労働者」概念は、前者の場合よりも広く理解されています。即ち、労組法の保護を受ける「労働者」は、「職業の種類を問わず、賃金、給料その他これに準ずる収入によって生活する者」と定義されており（労組法3条）、労基法と違って「使用される者」という要件を課していないことから、労組法上の「労働者」は、一般に労基法が適用される「労働者」よりも範囲が広く、労基法上の「労働者」には該当しないものの、労組法上の「労働者」に該当する者が出てくることになります。

　したがって契約形態としては、請負、委任、その他の契約等による労務提供関係によって「報酬」を得る者であっても、労組法上の「労働者」と判断されれば、団体交渉の当事者となることができ、本問でAさんらは労組法下の労働者か否かの判断に際しては、従来の労組法上の労働者が問題とされた事例にヒントをみることが有益です。

　労組法の適用が問題とされたケースとして、近年業務の外注化や従

業員の非正規化の進展に伴い増加している業務委託契約者の労働者性が争いとなってきており、これらの業務従事者は、いずれも本件と同様、概ね委託先と請負もしくは委任契約を結び、独立自営業とみなされている人々であり、これらの人々が委託もしくは発注先に対して、報酬等の改善要求を集団で行ったケースで問題とされたものです。

　特に近年相次いで出された最高裁判決は、①事業組織への組み込み、②契約内容の一方的決定、③報酬の労務対価性、④業務依頼の諾否の自由、⑤業務遂行への指揮監督・時間的場所的拘束の諸要素を総合して、「労働者」の有無を判断し、そのうえで「特段の事情」として⑥事業者の実態の有無、程度を検討するという判断枠組みをとっています。要するに労組法の適用の有無について、いわゆる「使用従属関係」を基本とした判断をしてきています（新国立劇場運営財団事件・最三小判平23.4.12民集65巻3号943頁、INAXメンテナンス事件・最三小判平23.4.12労判1026号27頁、ビクター事件・最三小判平24.2.21民集66巻3号955頁。なお、平成23年7月厚労省労使関係法研究会報告書「**労働組合法上の労働者性の判断基準について**」も同様の判断基準を示している）。

　本件を以上のような判断基準にあてはめた場合、Aさんら登録ワーカーはB社で継続的もしくは専属的に注文を受けてデータ処理業務に従事して、上記の最高裁判決の基準である①～④に該当する場合、AさんらとﾞB社との間には「使用従属関係」が認められ、この場合Aさんらは、労組法上の労働者として団体交渉を行う資格を有することになり、事業者がこれを拒否した場合には、団交拒否として不当労働行為法上の救済を受けることになるでしょう。

3　労基法上の「労働者」か？

　ではクラウドワーカーに労基法が適用される可能性はどうでしょうか？　前述したとおり、クラウドワーカーは継続的専属的に、プラットフォーマーのワーカーとして仕事を行い、仕事依頼に対する諾否の自由がなく、仕事内容、遂行方法についてプラットフォーマーから指

示されながら労務提供しているとしても、実務上、労基法の「労働者」は労組法よりも狭く理解されており、従来の解釈では「労働者」と認められるのは困難と思われます。

4　プラットフォームワーカー（PF）保護の必要性（ＥＵ指令案など）

　今後、情報通信技術・環境のさらなる発展により、新たな労働力利用の形態が増えることが予想されますが、その特徴は人による労務提供を細分化・規格化した上で、アルゴリズム等の利用により需要に即時に対応させて利用しようとする点にあります。これを各個人の労務提供の観点からみると、これまで典型的であった労働契約のあり方とは異なり、労務提供が非常に断片化していくことが予想されるのです。

　この点について 2021 年 12 月に公表されたＥＵの PF ワークにおける労働条件改善に関する指令案〔COM/2021/762〕が参考となります。指令案は、PF ワーカーの「『雇用関係』の推定」に関して、下記の 5 つのメルクマールのうち、少なくとも 2 つをみたすものについて、労働者性を推定する内容が示されているのです。ここでの 5 つのメルクマールとは、プラットフォーマーが、ワーカーに対する①報酬の水準ないし上限の実質的決定、②外見やサービス提供方法等について拘束力のある規則遵守の義務づけ、③電子的手段等によるワーク遂行の監視や成果の質の評価、④ワークの遂行や稼働・非稼働時間の選択、仕事引受の諾否、下請・代理人の使用の有無に関する裁量の自由の実質的制限、⑤顧客獲得や第三者のための労働遂行の実質的制限の有無、というものです。

Q4 「ライドシェア」と労働法

　Aさんは個人タクシー（いわゆる緑ナンバー）の資格で配車サービス運営する会社と契約して「ライドシェア」の運転業務を行っていますが、最近事業者から突然手数料の値上げ通告（20%→30%）を受け、時給換算すると850円（2017年度は東京の場合、最低賃金は時給958円）と最低賃金以下となるので、仲間と一緒に「ライドシェア」事業者に団体交渉をしようと思うのですが可能でしょうか？
　Aさんが乗客を乗せて運転手事故を起こし負傷した場合労災保険は適用されるのでしょうか？

A　「ライドシェア」とドライバー間の法律関係は、原則として請負契約と考えられていますが、「ライドシェア」事業者と運転手との間に「使用従属関係」がある場合には、労組法上の「労働者」と認められて団体交渉が可能とされることもあるでしょう。「ライドシェア」の運転手は原則として労災保険法上の「労働者」と認められず、その場合特別加入制度や民間保険を利用する必要があります。

••• 解 説 •••

1 「ライドシェア」と労働法適用

　「ライドシェア」事業者と運転者との間には、利用者を目的地まで運送することを目的とした運送契約が締結されており、この契約は、原則として請負契約とみなされているにもかかわらず、何故に労働法の適用が問題となるのでしょうか？

　「ライドシェア」事業者と運転者との間は、契約形式としては請負であるものの、契約内容の実態をみると、最も重要な契約条件である

運転者の「報酬」の決定・変更は、事業者によって一方的に決定され（本件では運賃から20%→30%手数料控除）、およそ交渉の余地がなく、しかも一般に運転者が、利用者からの乗車リクエストに応答（15秒以内）しない場合には乗車拒否とみなされ、拒否率が85%を下回ると、自動的にアプリの利用停止＝契約解除とされる等、契約の重要な部分について事業者に一方的な決定権が付与されており、民法が想定する対等な契約内容となっていないのです。

2 「ライドシェア」の運転手は労組法上の「労働者」か？

　労組法の適用が問題とされたケースとして、近年業務の外注化や従業員の非正規化の進展に伴い増加している業務委託契約者の労働者性が争いとなってきており、これらの業務従事者は、いずれも本件と同様、概ね委託先と請負もしくは委任契約を結び、独立自営業とみなされている人々であり、これらの人々が委託もしくは発注先に対して、報酬等の改善要求を集団で行ったケースで問題とされたものです。

　特に近年相次いで出された最高裁判決は、Q3で述べたとおり概ね6つの要素に基づいて「使用従属関係」を認容するという判断枠組みをとっています。

　本件を以上のような判断基準にあてはめた場合、Aさんらはライドシェア事業者に登録して、継続的もしくは専属的に注文を受けて利用者の運送業務に従事し、しかも事業者からの指示を満たさない場合には一方的に契約解除がなされ、事業者性も希薄なことから、労組法上の労働者として団体交渉を行う資格を有しており、事業者がこれを拒否した場合には、団交拒否として不当労働行為法上の救済を受けることになるでしょう。

3 ライドシェアと労働基準法・労災保険法適用

　前述した最高裁判例や労基研報告書の判断基準にあてはめると、Aさんはライドシェア事業者に登録して、継続的もしくは専属的に注文

を受けて利用者の運送業務に従事していた場合、仕事依頼に対する諾否の自由がなく、業務の内容や遂行について指揮命令を受ける等しているものの、勤務の場所や時間に関する拘束性、機械器具の負担、報酬の面に関しては「労働者」の要素が弱くなっており、現在の実務では労災保険法の「労働者」と判断される可能性はそれほど高くないと言えます。労災保険法上の「労働者」と認められない場合には、特別加入制度や民間保険を利用する必要があるでしょう。

4　ライドシェア解禁の動き

　前述した旅客運送に必要な二種免許を持たない運転手と、乗客とをスマホのアプリでつなげるライドシェアの解禁論議が、政府や一部地方自治体でにわかに急浮上しています。コロナ感染が一定収束後も運転手が戻らず、観光地や大都市でタクシーが不足していることが理由ですが、交通関連の労働組合は「まずは処遇を改善し、運転手を確保すべき」と述べ、導入に反対しています。

　ライドシェアは、約8年前に導入の動きが強められましたが、違法な「白タク」だとして国土交通省は認めていません。

　導入された諸外国では、性犯罪や暴行、交通事故の多発が報告されています。また著しい低運賃により既存のタクシー産業は駆逐され、併せてライドシェア運転手の低賃金・長時間労働も進行しました。こうした弊害から、主要先進国が参加する経済協力開発機構（OECD）加盟38カ国中、約8割の国々がライドシェアを禁止しています。

ケーススタディ

Q1 「業務委託」とは？

Aさんは居酒屋の店員として働いていたところ、客であったBさんから「近く居酒屋の2店目を出すので、俺の所で働かないか」と誘われ、Bさんの居酒屋店長として働くことにし、その際Bさんから示された業務委託契約書には、仕事内容（居酒屋店長職）の他、勤務時間や報酬（売上げに対する歩合）などが定められていましたが、雇用保険や社会保険はなく、ケガをしたときは自分の健康保険証を使ってくれと言われて働き始めたところ、毎日、出退勤はタイムカードで打刻し、Bさんへ仕事内容の報告が義務付けられ、店長といっても1人だけで働き、残業代や交通費は支給がありませんでした。ところがAさんは仕事をはじめた直後から、Bさんに客の前で叱責や罵声を浴びせられるようになり、半年後には突然「仕事を辞めてくれ」と言われてしまいました。Aさんは閉店後も客がいるときは残業をしており、解雇を争って残業代請求をしたいのですができるでしょうか？

A 労働基準法等の労働諸法規は、契約の形式にとらわれず、労働関係の実態に則して判断され適用されます。Aさんが実態としてBさんに「雇用されている」と認められれば、労働基準法、労働契約法上の「労働者」として、会社に対して解雇無効や残業代を請求することができます。

・・・解説・・・

1 業務委託契約書とは？

　一般に業務委託契約書は、自社の業務を第三者に委託する際の業務内容や条件を書面化したものですが、「業務委託契約書」の作成は法律

で義務付けられていません。形式、名称、内容はさまざまで、当事者間で自由に決められます。このように契約内容の自由度が高いことから、当事者にとって有利な契約内容にもできますし、不利な内容にもなります。民法では、口頭でも契約は成立するとしていますが（民法522条2項）、何の書類も無い契約では、トラブルがあった際に「言った」「言わない」で揉める可能性が高く、そうしたことを避けるために業務委託契約書を用意することで、注意するべき事柄に事前に気づくことができ、トラブルの芽を摘むこともできます。

2　雇用契約か否かを考える視点
……契約の名称は、契約の性質決定には直結しない

　人の働き方が多様化し、さまざまな形態の下で人は働くようになり、締結する契約には、いくつかの類型がありますが、労働法の視点からは、その契約が雇用契約なのかそうではないのかがとても重要です。なぜなら、労働法は、雇用契約の一方当事者である「労働者」をさまざまな側面で保護しているため、雇用契約であるか否かによって、「働く」人がどのような場面で、どのような法的保護を受けるのかが大きく異なるからです。

　ところで、人が自分の労務を提供し、それに対して対価を得ることに関する契約について、民法では、請負、委任および雇用の3類型について規定が置かれており、これらの契約類型は「労務供給契約」などと呼ばれています。実務上は、「業務委託契約」という名称の契約をよく見かけますが、「業務委託契約」は民法で規定された契約類型（典型契約）ではなく、その具体的内容に応じて3類型のいずれかに、またはいずれでもない無名契約に分類されます。

　「請負契約」や「業務委託契約」といった名称で契約を締結していれば、その契約が雇用契約になることはないのではないか、と思うかもしれませんが、必ずしもそうではありません。

　当事者が契約に付した名称は、契約の性質決定にあたり、1つの参考材料にはなりますが、実態に沿ってそれに囚われることなく、契約の性質決定がなされることになるのです。

3 「業務委託」と労働契約

　雇用（労働）契約に該当するか否かは、上述のとおり、契約書に記載された名称ではなく、当該契約に基づいて展開されている労務提供の実態である「使用従属関係」の有無から判断すべきことになります。即ち請負もしくは委任の形式をとった契約でも、その実態から見て、雇用＝労働契約と判断される場合には、労働諸規定の適用を受けることになり、その指標としては、「使用従属関係」が判断基準となり、このことは近年、労働諸法規や社会保険などの適用回避を目的として、意図的に委任や請負などの契約形式をとる傾向（非労働者化）が強まってきていることからも、特に留意すべきことといえましょう。

　即ち「請負契約」や「業務委託契約」といった名称で契約を締結していても、その内容や実態が、使用者の指揮命令下において働かせ、それに対して報酬を支払うものである場合、実質的にみて「雇用契約」であると評価され、労契法等の労働関係法規が適用されることになります。

　本問でAさんは、出退勤タイムカードで管理され、毎日の仕事内容について報告が義務付けられており、Aさんは使用者であるBさんの指揮命令下にあり、労基法、労契法が適用されます。しかもAさんは「店長」といっても他に店員がおらず、いわば「名ばかり店長」であることから管理職とはならず（労基法41条）、残業代請求権が認められ、解雇について「合理的な理由を欠き、社会通念上相当と認められない場合」には無効とされます（労契法16条）。

Q2 「業務委託」か「雇用契約」か?

セラピストのＡさんは、Ｂ社が経営する温浴施設甲で以下のような業務委託契約を結び、Ｂ社の施設内で施術を行っていました。委託といっても、働く場所が決まっていて、他の従業員と同様に出勤・退勤を繰り返す毎日であり、セラピストとして専門技能を発揮するほかは、受付業務にも従事していましたが、突然Ｂ社から委託契約を解除されてしまいました。Ａさんは労働契約であったとして、解雇無効を争うことは可能でしょうか？　なお、業務委託契約書の内容は次のようなものです。

業務委託契約書

⑴　業務遂行地：Ｂ社　甲店

⑵　業務内容：上記場所における①ボディケア、フットリフレに係る手技療法業務の提供及び受付業務、②各施術内容は各セラピストの裁量に委ねる。

⑶　期間：１年間とし、その後はいずれかが解約を申し入れないかぎり自動更新する。

⑷　業務委託料（１分当たりの金額）：完全出来高制。１分当たり36.5円、毎月末日までの分翌月25日払い。時間外・深夜手当なし。兼業可。

⑸　稼働日、稼働時間の決定方法：セラピストが翌月のシフト表を提出し、出勤日を選択する。但しシフト時間内でも、指名予約がない場合、セラピストの外来可。

⋮

⑻　源泉徴収は受けず、消耗品費用はセラピストの負担。

A リラクゼーション業界では、業務委託形式で業務を行うことが多いものの、「業務委託契約」といった名称で契約を締結していても、その内容や実態が、使用者の指揮命令下において働かせ、それに対して報酬を支払うものである場合、実質的にみて「雇用契約」であると評価され、労契法等の労働関係法規が適用されることがあり、裁判例でも、契約内容や実態に応じて判断が分かれています（→第5章──ＩＱ3）。

• • • 解 説 • • •

1 本件事例では、労働者性が否定

本件事案と同様のケースについて、リバース東京事件・東京地判平27.1.16 労経速 2237 号 11 頁は、

本件契約に係る契約書の規定内容は、手技療法業務提供の委託に関する約定であると認められるところ、被告会社との間で同委託に関する契約を締結したセラピストは、その稼働日及び稼働時間を自ら決定することができ、施術の担当に関して諾否の自由も有しており、被告から必要な限度で一定の注意喚起等を受けることはあるものの業務遂行上の指揮監督等を受けることはなく、施術の実施についても基本的には自らの裁量で行っているから、セラピストが被告の指揮監督下において労務を提供しているものとは認められないことに加えて、セラピストには高い事業者性も認められることからすれば、被告との間で上記委託に関する契約を締結したセラピストが労働基準法上の労働者に該当すると認めることはできない

旨判示しています。

本件では、セラピストはシフト表を提出して自由に出勤日が選択できるだけでなく、シフト内時間でも指名予約がなければ外出でき、使用者の指揮命令が希薄なうえ、報酬も出来高払で、消耗品がセラピスト負担等、事情から労働者性は否定されるものといえます。

2 労働者性が肯定された事例

　イヤシス事件・大阪地判令元.10.24労判1218号80頁では、セラピストの勤務時間が1日8時間から10時間程度と目安時間が契約書に記載され、休憩は8時間で1時間とされ、休憩中でも来客があれば施術をする必要があり、シフト制で休日の希望が重なった場合誰かが業務に従事する必要があり、毎日、出退勤時間や売り上げを報告し、歩合制ではあったものの、1日あたりの最低報酬額が存在し、勤務時間が8時間に満たない場合には報酬が減額され、消耗品を会社側が用意していたことなどを理由に、労働者性が肯定されています。

　このように、同じような業務を遂行するセラピストについて、仕事内容や業務遂行方法で異なる結論となることがありますので、注意が必要です。

Q3 専属タレントの労働者性

Ａさんは中学２年生の頃から、Ｂ社の専属タレントとして
アイドルグループに所属し、Ｂ社が企画したり取引先から
出演依頼を受けたイベントに参加してライブ等を行い、イ
ベント会場に出展した小売店の販売応援などを行っていま
した。Ａさんはグループのリーダー的存在であり、イベン
トの９割程度には参加していましたが、イベントへの参加
は、Ａさんが予定されたイベントに「参加」の選択をして
初めて義務付けられ、「不参加」を選択した場合には、イベ
ントに参加を強制されることはなく、平日の販売応援に対
する報酬は１回当たり2000〜3000円程度であり、イ
ベントが行われる土日祝日の販売応援を行っても、報酬は支
払われることはありませんでした。Ａさんがその後死亡し
たことから、Ａさんの相続人らが、Ｂ社に対して亡Ａさん
は労基法上の労働者性があり、上記報酬は最賃法を下回っ
ているとして、未払賃金等の支払を求めました。

A タレントなどの芸能人は通常、所属事務所と業務委託契約
を結んで活動をしていますが、この場合も基本的には契約形式に
かかわらず、それぞれの具体的な契約内容と労働実態をもとに労
働者性を判断していく必要があります。特に専属タレントが芸能
事務所に所属して数年後に、事務所を辞めて独立したり他の事務
所に移転したいと考えた場合、「労働者」か否かは死活的な問題と
なります。

1　専属タレントと芸能事務所

　タレントなどの芸能人は通常、所属事務所と業務委託契約を結んで芸能活動を行っていることから、一般的には個人事業主というイメージが強いですが、芸能人と一口に言っても、デビューしたてのアイドルや育成芸能人から、長年第一線で活躍する大物芸能人までさまざまなタイプがあって一括りにすることはできません。そこで基本的には契約形式にかかわらず、それぞれの具体的な契約内容と就労実態をもとに労働者性を判断していく必要があり、実務上も労基法上等の労働者と判断される裁判例が多数あります（→第6章Q2）。

　実際に、芸能人の「労働者」性判断は、芸能人と芸能事務所との関係で各種労働法規適用の分水嶺となることが多く、特に専属タレントが芸能事務所に所属して数年後に、事務所を辞めて独立したり他の事務所に移転したいと考えた場合、「労働者」か否かは死活的な問題となります。

　労基法では、有期契約でも労働契約を締結後1年経過した場合（芸能事務所の通常の契約期間は1年更新）、いつでも退職できることとされており（附則137条）、これが芸能人に適用されると、芸能人にとっては強力な武器となることから、事務所側もこうした法令や裁判の現実を踏まえた対応が必要となるのです。

　「労働者」か「個人事業主」の区別は実務上、仕事依頼に対する諾否の自由、業務内容や遂行方法などについての指揮命令の有無、勤務場所や時間規律の有無、代替性の有無などの「使用従属関係」によって判断され、また報酬が「賃金」と言えるかどうかは、額、計算方法、支払形態などで他の従業員の賃金と同質か否かや、源泉徴収の有無、雇用保険、厚生年金、健康保険の保険料徴収の有無などを総合考慮して判断されています。

2 専属タレントの労働者性

　本件と同様のケースである、Hプロジェクト事件・東京地判令3.9.7労判 1263 号 29 頁では、判決は、

　　　　Aは、本件グループのメンバーとしてイベント等に参加するなどのタレント活動を行うか否かについて諾否の自由を有していたというべきであり、B社に従属して労務を提供していたとはいえず、労基法上の労働者であったと認めることはできない」。「本件グループのメンバーに支払われていた報酬は、本件グループのメンバーの励みとなるように、その活動によって上がった収益の一部を分配するものとしての性質が強く、メンバーの労務に対する対償としての性質は弱い

と判示して労働者性を否定し、亡Aさんの相続人からの請求を棄却しています（最三小令 4.9.7 決労判ジャーナル 131 号 31 頁）。

　労働者性が争点となる場合には、「明らかに労働者」という事案から「微妙なケース」という事案まで幅広くありますが、本件は後者にあたると思います。労働者性に関する判断は難しいケースもありますので、事業者が業務委託等の契約形態を採用する際には、事前に弁護士等の専門家に相談するべきでしょう。

Q4 英会話講師は労働者か？

Ｂ社は、「駅前留学」などのネーミングで全国規模の語学ス
クールや学生塾等を展開していますが、同社の講師には「雇
用」の場合と「委託」の場合とが混在しており（平成 29 年
現在雇用講師 445 名、委託講師 229 名）、原告Ａらはいずれも
委託講師であり、Ｂ社の間で大略以下の内容で「業務委託
契約書」を締結していました。

業務委託契約書

①　委託講師：Ｂ社に対する独立請負人であり、従業員ではな
い。

②　委託内容：レッスン（授業）についての教務及び付随業
務。就労にあたり：初回研修義務あり

③　契約期間：1 年間、更新あり。再委託可等。

④　レッスン 1 コマ（レッスンごと準備や記録時間を合わせ
44 分）当たり：基本委託料と言語報酬合計 1200 円、実績に
応じて加算報酬支払いあり。週 40 コマ担当講師に 1 万円の
住宅費支給。源泉徴収、健康保険、厚生年金、雇用保険料の
控除はなし。

これに対してＡらは、受持ちレッスンの場所・時間はＢ社
が決定しており、レッスン内容に対する指示や業務報告等
は、Ｂ社の指揮監督下で行い、報酬も時間対応で支払われ
労務提供への対償性がある等、労働基準法上の労働者に当
たるにもかかわらず、Ｂ社はＡらからの年次有給休暇請求
を拒否し、健康保険への加入も阻害したとして、不法行為
又は債務不履行による慰謝料等の請求をしました。

A 社会保険をＢ社が負担しないことや年休がないことは、契約書に明記されていますが、それでも判決はＡらの労働者性を認定しています。労働法は、強行法に関する部分については当事者の意思に関わらず労働者を保護するものであり、この点は外国人であっても異なりません。契約万能ではないことを再確認する必要があります。

••• 解 説 •••

1 ＡらがＢ社と締結した契約は「業務委託契約」か？

　本件はNOVA事件・名古屋高判令 2.10.23 労判 1237 号 18 頁と同様のケースで、Ｂ社は、Ａら委託講師がＢ社との間で締結した業務委託契約書には、Ａらは独立請負人であり社会保険や年休が供与されないことが明記されており、Ａらが業務委託契約の内容を理解し、自己の判断で契約を締結していたのだから本件は雇用契約ではないと反論しました。

　この点につき、判決は、

　　　「控訴人（以下「Ｂ社」）が、被控訴人ら（以下「Ａら」）に対して、業務委託契約と雇用契約とを示して法形式を選択させたことを認めるに足りないから、（Ａらが）上記の通り理解していたとしても、Ａらが双方の契約を比較した上で業務委託契約を選択したということはできない。」「Ｂ社のＡらに対する指揮監督関係は、雇用講師に対するものとおよそ同等であると評価すべきであり、報酬の労務対償性が肯定され、その他の事情を併せ考慮すると、Ａらは、労働基準法上の労働者に当たると認めるのが相当である。」

旨判示しています。

　結局判決では、従業員が使用者との間で、雇用契約と業務委託契約とを比較した上で、敢えて業務委託契約を結んでいる特別の事情がないかぎり、契約の実態から労働法規を適用すべきとしているのであり、

そのかぎりでは当然の判断といえるでしょう。

2　A－B社間の契約は実態からみて「雇用契約」

更にA－B社間の契約の内容について、判決は、

「B社は、新規の講師に対して初回研修を受講させ、レッスンにおいてテキストを使用してマニュアルに沿った教授法を行うことを義務づけており、実際のレッスンにおいて具体的な会話内容をどのように導いていくかは、事柄の性質上個々の講師に任せられている部分があると推察されるものの、これは雇用講師であっても同様であると考えられるから、結局、B社は（Aらに対して）雇用講師と同程度の業務遂行上の指揮監督を及ぼしていると認めるのが相当である。」「委託講師の報酬の定めは、コマ数を基準としており、一定時間労務を提供したことに対する対価であって、この基準は雇用講師と同様である。委託講師の基本委託料、言語報酬に成功報酬を加算した金額が1350円であり、成績や社内資格の保持によるステイタスに基づく加算が100〜200円であるのに対し、雇用講師の基本コマ給、職務手当に精勤手当を加算した金額は1150円であり、能力査定に基づくスキル手当が0〜800円であることを考慮すると、両者の報酬・給与体系はやや異なっているものの、委託講師の報酬が雇用講師の給与より高額とは限らず、その差が労働者性の判断を左右するほど大きいとはいえない。」

旨判示し、Aらの請求につき10万円〜20万円程度の範囲で慰謝料請求を認めました。

Q5 ホテルのフロント係

　Ａさんはラブホテルの募集に応じて、Ｂが経営するホテルのフロント業務に従事し、出退勤はタイムカードで打刻が義務付けられ時給制で、仕事中、ＡさんはＢからの部屋の稼働状況の問合せがあるたびＢに報告していました。ところが、ＡさんはＢから従業員同士で性的関係にあるかのような発言をされたり、Ｂが交際相手の女性との性行為中の動画を見せられる等のハラスメントを受けたことから退職し、Ｂに対し不法行為に基づく慰謝料請求と未払賃金請求をしたところ、Ｂは、本件契約は業務委託契約であったなどとして原告の労働者性を争いました。

A 　本件では、使用者と従業員との契約形態について、使用者は、業界の習慣などを口実に、あえて業務委託と強弁し、賃金支払義務を免れようとした悪質なものであり、契約の形式・実質ともに雇用とされるものです。

•••解説•••

1　偽装の業務委託契約

　本件はキサラギコーポレーション事件・大阪地判令3.8.23労働判例ジャーナル118号42頁のケースで、元従業員が未払賃金と不法行為に基づく慰謝料請求をしたところ、経営者は、雇用契約ではなく、敢えて「業務委託だ！」と強弁して、賃金支払を免れようとしたところに特徴があります。

　これに対して、判決は、

　　　「ある契約が雇用契約なのか業務委託契約なのかについては、どのような名称の契約を締結したかによって直ちに定まるものではな

　　く、契約の内容を実質的に検討することが必要であ」り、「労働契約
　　法2条1項が、『「労働者」とは、使用者に使用されて労働し、賃金
　　を支払われる者をいう』とし、労働基準法9条1項が、『「労働者」
　　とは、職業の種類を問わず、事業又は事務所に使用される者で、賃
　　金を支払われる者をいう』としていることなどからすれば、雇用契
　　約とは、労働者が使用者の指揮命令に従って労務を提供し、使用者
　　がその対価としての賃金を支払う契約であるといえる。」

旨判示して、たとえ契約形式が業務委託契約であるからといって、当
然に労働法の適用を免れることはできないとの当然の判断をしていま
す。労働法が適用されるのか否かは、あくまでも実態としてどのよう
な働き方をしているのかによって判断されます。

2　本件フロント係の労働者性

　本件契約の実態について、判決は、

　　「Aが従事していた業務は、本件ホテルのフロント業務等であっ
　　たところ、その業務内容に照らしても、AがB社から指示された仕
　　事を受諾するか否かを自由に決定することができていたということ
　　はできず、また、BがAに対し、部屋の稼働状況を問い合わせたの
　　に対し、Bの問合せがあるたびにXが稼働状況を報告していること
　　からすれば、AはBの指揮命令下にあったということができ、さら
　　に、Aの勤務場所は本件ホテル内に固定されており、業務に従事す
　　る時間もシフトによって定まっていたほか、Aはタイムカードを打
　　刻することが義務付けられていたといえるから、Aの勤務場所・勤
　　務時間には拘束性があったということができる。」

　　「Aの報酬は、時給制とされており、労務提供の時間によってその
　　額が定めることとされていたものであること、100時間の見習い（研
　　修）期間が設けられていたことなどからに照らせば、Aの報酬は労務
　　対償性を有していたということができるから、AはB社の指揮監督
　　下において労務を提供し、労務提供の対価として報酬を得ていたも

のであり、本件契約は雇用契約であったと認めるのが相当である。」旨判示して、未払賃金支払を認めています（なお、判決は、Bの言動について不適切な点があることは認められるものの、それらが不法行為法上違法なセクハラあるいは誹謗中傷であるとまではいうことができないとして、損害賠償請求は棄却しています）。

3　本ホテル業界のフロント係

判決は、

「ラブホテル業界において、フロント業務等の日常業務を行う者との間で契約を締結する場合に業務委託契約という形式をとることが一般的であることを認めるべき証拠はな」く、さらに「ラブホテル業界でフロント業務等を行う者との間では業務委託契約を締結することが一般的であり、被告でもそのような形態であったというのであれば、業務委託の形式で求人募集をするか、あるいは、求人の具体的内容の説明において、業務委託である旨を記載すれば足りるといえるが、被告はそのような募集・説明・記載をしていない。」

等と説明をしています。

しかし業界での実態がどのようなものであれ、使用者と従業員との契約内容は個々に判断されるものであり、判決の理由づけは理論的に問題があり、要は使用者と従業員の当該契約の形式、内容について、使用者の主張する業務委託と称する契約内容が実態を伴わない「偽装」であることを述べれば良かった事案と思われます。

Q6 システムエンジニア・ソフトウェア従事者

システムエンジニア（SE）のＡさんは、Ｂ社の「SE プログラマー」の求人募集に応募したところ、Ｂ社はＡさんに対して「労働者派遣法に基づき派遣先で SE として仕事をしてもらいます。報酬は当初3か月間は月額35万円、その後は業績や仕事内容等に応じて増額があります」との説明を受けたものの、契約書は特に交わすことはなく、派遣先のＣ社で仕事をしていたところ、ある日Ｃ社の担当者から「今般Ｂ社との派遣契約が終了したので、あなたの契約も終了しました」と通告されました。そこでＡさんは派遣元であるＢ社に職場復帰を求めたところ、Ｂ社から「あなたとの契約は請負契約だったので、派遣先の仕事がなくなったら自動的に契約は終了です」と言われてしまいました。

A SE やプログラマーは専門性ゆえに労働に対する裁量性も重視されることから、業務の性質よりむしろ仕事や業務の依頼、指示に対する許諾の有無や他社での業務可能性などを判断要素として重視すべきと思われます。

・・・解説・・・

1　SE・プログラマーの労働者性

　SE やプログラマー等の情報通信技術（ICT）従事者は、インターネットを中心とした ICT の進展により激増している職種であるものの、従来トラブルはそれほど多くはありませんでした。会社がソフトウェア開発等を外部のプログラマーや SE などの技術者に準委任や請負形式で発注し、会社内の特定の就業スペースで作業させた場合、こ

れらの業務は一般に勤務時間が長くなる傾向にあり、労働者性が争われる可能性があるものの、SE やプログラマーらは専門性が高く使用者からの具体的な指示が少なく、時間配分や作業手順への裁量が大きく、厳格な労働時間管理を受けず、業務遂行に関する指揮命令が希薄でしかも報酬も比較的高い（500 万円～1500 万円）等から、労働者性の争いが少なかったものと思われます。

　しかしながら近年 ICT 業界の競争が激しくなり、それに伴って SE やプログラマーの報酬が、出来高ではなく時給や月給制となっても、雇用保険や社会保険等に未加入にする等、業務委託・請負契約として取り扱う等の悪質な事例がみられ、これらに対して、SE やプログラマー自身も、企業と結ぶ契約がどのようなものか充分認識していない場合も指摘されています（平成 22 年 4 月厚労省「個人請負型就業に関する研究会報告書」22 頁など）。

2　プログラマーの労働者性が肯定されたケース

　インフォメーション・コーポーズ・クリエイション事件・東京地判平21.1.14（LLI/DB LO6430837）は、本件と同様のケースで、判決は、

　　　「Aは、労働者派遣契約に基づきC社に派遣され、システムエンジニア兼通訳として稼働し、業務の遂行に際してはC社の正社員である上司から直接の指示を受け、そのうえC社によって稼働時間、就業時間等が定められており、出退勤を業務日記で報告し、職場の上司の確認を受けて管理され、B社から基本給と諸手当で計算された月給制による報酬を受給し、時間外労働については割増単価に勤務時間を乗じた残業代が支払われていた」、「そうすると、Aは派遣先であるC社の指揮命令下で労働を提供し、派遣元事業であるB社から、この労務提供の対価として報酬を受けていたと評価することができるから、Aは労働基準法上の労働者に該当し、本件契約は、労働契約である」。

　　　「なお、B社は、Aが源泉徴収されない報酬を受領していたことを

　　　主張して労働者性を否定するが、B社が源泉徴収を行わなかったに
　　　すぎず、Aの労働者性を否定する事情にはあたらない」

旨判示し、A－B間の労働契約を肯定しています。

3　プログラマーの労働者性を考えるポイント

　反対に労働者制が否定された例として、東京地判平26.9.26労判例
ジャーナル34号43頁では、ハローワークで求人票の「正社員」応募
に募集したものの、会社への入社時にSE側の強い要望で、雇用では
なく業務委託になったことから、判決では、SEやプログラマーの業
務の性質上、勤務時間や勤務場所が指定されるのは必然であるとして、
SEの労働者性が否定されたケースがあります。

　SEやプログラマーは専門性ゆえに労働に対する裁量性も重視され
ることから、業務の性質よりむしろ仕事や業務の依頼、指示に対する
許諾の有無や他社での業務可能性などを判断要素として重視すべきと
思われます。

Q7 コピーライターの労働者性

　B社は広告の企画制作を行っている会社であり、Aさんは
B社と固定報酬制（43万円）のコピーライティングの業務
委託契約を結んで（契約書は作成していない）、業務に従事し
ていました。Aさんは週5回、B社事務所に出勤し、他の
社員同様8時間以上稼働していましたが、コピーライティ
ング業務中は、B社の社員から具体的指示はあまりなされ
なかったものの、業務の進捗状況や進行予定については、
毎月2回、B社の定例会議で確認がなされ、その際、Aさ
んも他の社員同様、上司から訓示がなされていました。A
さんは報酬について確定申告をしており、B社の社会保険
等に加入していなかったので、B社の担当者に社会保険と
雇用保険への加入を求めたところ、B社は業務委託契約を
理由に拒否し、その後Aさんに対して「業務委託契約終了
のお知らせ」と題する書面で契約解除通知がなされました。
B社の解除通知は有効なのでしょうか？

　A コピーライターは今日多様な形態で働いており、専門性が高
く裁量の余地が大きい場合、業務委託と雇用を分けるポイントとし
ては、むしろ具体的な仕事の依頼、業務指示等に対する諾否の自由
の有無にウエイトをおいて判断すべきと思われます。

・・・解説・・・

1　コピーライター業務

　コピーライターは一般に、企業などの広告主から依頼を受けて広告
の企画立案、文案作成などに従事する人々であり、広告全般に関する
知識や文章的センスが要求される専門職で、企業に所属したりフリー

ランスで仕事をしています。しかし今日インターネットの発達により、インターネット上での細切れの作業を行ういわゆるクラウドワーカーから、大手広告代理店などで顧客会社の広告業務を担当する者まで幅広く存在しており、フリーランスの場合も増加していることから、しばしば業務委託か雇用かが争われることになり、いくつかの裁判例も登場しています。

2　コピーライターの労働者性

　ワイアクシス事件・東京地判令 2.3.25 労判 1239 号 51 頁は、本件と同様のケースの判決ですが、具体的な仕事の依頼、業務指示に対する諾否の自由について、

　　　「原告Aは、被告B社においてコピーライティング業務に主に従事したほか、被告B社が顧客から受注する際の窓口業務も担当していたところ、原告Aの担当する顧客から依頼があった場合、基本的に全ての業務を断ることなく受注していたと認められる。これらの依頼は被告B社に対するものであることからすれば、原告Aが窓口となる場合にこれを拒否する余地はなかったと推認される。」「本件契約においては業務量を定めることなく月額 43 万円の固定報酬とされていたことからすれば、原告Aがこれらの業務の依頼を拒否することは事実上困難であったと推認される。以上によれば、本件契約において、原告Aには具体的な仕事の依頼、指示について諾否の自由はなかったというべきである」。

と判示しました。

　またコピーライターの業務遂行について、

　　　「業務の性質上、被告B社代表者や被告会社の社員から具体的な指示はあまりされていなかったものの、顧客のディレクターの指示には従って業務を進める必要があり、被告B社においても、原告Aの業務の進捗状況や進行予定については、毎月 2 回の定例会議で確認し、他の社員とととともに前年度売上げの状況を踏まえた訓示がなさ

　　　　れ、少なくとも既存の顧客との関係では売上げを増やすための努力
　　　　を求められていたと推認されることからすると、これらの業務に対
　　　　する指示の状況は、コピーライティング業務を委託する場合に、通
　　　　常注文者が行う程度の指示等に留まるものと評価することは困難で
　　　　ある」

として、業務遂行に際しての使用者からの指揮命令の存在を認定して
います。

　更に時間的場所的拘束についても、

　　　　「原告Aは週5日、基本的に平日は毎日被告B社事務所に出勤し、
　　　　他の社員と同様、8時間以上稼働していたこと」等からすると、「原
　　　　告に対する固定報酬は、原告が一定時間労務を提供していることへ
　　　　の対価としての性格を有し」「原告は、被告との使用従属関係の下に
　　　　労務を提供していたと認めるのが相当であって、原告は労基法9条
　　　　及び労契法2条1項の労働者に当たるというべきである。」

旨判示しています。

　そのうえで契約解除の有効性についても、

　　　　「被告B社が原告Aに対してした本件契約の解除は、労働者である
　　　　原告Aに対する解雇であるところ、本件契約の解除に至る経緯から
　　　　は、客観的合理的理由があるとは認められず当該解雇は権利の濫用
　　　　に当たり無効である（労働契約法16条)」

旨判示しています。

3　コピーライターの労働者性判断のポイント

　本件と同様、会社による契約解除の有効性を判断する前提として、
労働契約上の労働者性が争われた裁判例である、鑑定ソリュート大分ほ
か事件（大分地判令2.3.19労判1231号143頁）では、原告は被告会社の
取締役に登記されていましたが、原告と不動産鑑定評価業務を業とす
る被告会社との間の契約につき、判決は「被告における原告の取締役
登記は名目的なものにすぎず、原告は、実質的に被告の労働者であっ

て、本件契約は労働契約であったと認められる」と判断し、被告会社による契約の解除が無効としています。

　コピーライターの職種は多様ですが、専門性が高く裁量の余地が大きいような場合、業務委託と雇用を分けるポイントとしては、むしろ具体的な仕事の依頼、業務指示等に対する諾否の自由の有無にウエイトをおいて判断すべきと思われます。

Q8 サ高住の看護師

　B病院は、いわゆるサ高住を開設し、居住者に介護ヘルプサービスを行っています。Aさんは同病院に採用された看護師ですが、高齢（65歳）であったことから、B病院と業務委託契約を結び、主にサ高住の居住者に介護業務に加えて医師の指示の下に診療介助業務に従事していました。AさんとB病院との間では、年額300万円、週5日勤務（週1日夜勤含む）とする、「年俸制契約」が結ばれ、業務に関する「業務請負契約書」と題する契約書が作成されており、具体的には①労働契約期間：1年間（更新あり）、②就労場所：B病院、③従事業務：看護師、④就業時間：原則午前9時～午後7時（休憩時間120分）。⑤休日：火、水などとされていました。
　AさんがB病院に在職中、夜勤をしても夜勤手当の支払がなく、雇用保険への加入を求めても、病院側から業務請負契約を理由に拒否されたことから、退職したうえ未支給の夜勤手当支払と雇用保険加入拒否を理由とした債務不履行に基づいて損害賠償請求を行いました。

A　使用者が従業員との間で、実態は労働契約であるにもかかわらず、業務委託などの名目で契約をしていた場合には、雇用保険の加入手続が履践されることはありませんが、その後労働契約が認定された場合には、使用者には雇用保険加入義務を怠ったとして、慰謝料等の損害賠償義務が発生することがありますので注意が必要です。

••• 解説 •••

1　「サ高住」

　「サ高住」（「サービス付高齢者向け住宅」の略語）は、原則として要介護度の低い 60 歳以上の高齢者が入居するバリアフリー住宅であり、有料老人ホームなどの介護施設とは異なり、一般的な賃貸住宅と同様の扱いです。サ高住には一般型（介護サービス提供なし）と介護型（身体介護やレクレーションなどの介護サービス提供あり）があり、いずれも場合も、日中、1 名以上の職員（医師、看護師、介護福祉士、ホームヘルパーなど）の常駐（夜間は緊急通報システム）が義務付けられており、一般型の場合、上記職員による生活相談（居宅の掃除、買物、家族への連絡など）と安否確認（居宅の定期的訪問など）が行われています。

2　雇用保険未加入と債務不履行責任

　事業主が、雇用保険の対象となる労働者を雇入れた場合、その者が被保険者になったことを公共職業安定所長に届け出る義務がありますが（雇用保険法 7 条、施行規則 6 条など）、実態は労働契約であるにもかかわらず業務委託などの名目で契約されていた場合には、雇用保険の加入手続が履践されることはありません。しかし後に労働契約が認められた場合、事業主が雇用保険の被保険者資格の取得を届け出ていないことによる上記債務不履行責任発生は当然として、それに加えて労働者は改めて被保険者資格の確認を請求する必要があります（雇用保険法 8 条、9 条。但し遡及確認によって被保険者資格が取得を取得できるのは原則として 2 年まで。雇用保険法 14 条 2 項 2 号、22 条 4 項、**業務取扱要領20502（2）**など）。そのため、雇用保険の受給が可能であった期間の損害発生の有無・程度が問題となり、実務上、損害を肯定した例（慰謝料について、グローバルアイ事件・東京地判平 18.11.1 労働判例 926 号 93 頁）と否定した例（山口（角兵衛寿し）事件・大阪地判平元 .8.22 労働判例 546 号 27 頁、思いやり整骨院事件・大阪地判令 2.1.17 労判ジャーナル 97 号 18 頁）があ

ります。

3　医療法人一心会事件

　医療法人一心会事件・大阪地判平 27.1.29 労判 1116 号 5 頁は、本件と同様のケースにつき、

> 「原告 A と B 病院の契約書の標題は、『業務請負契約』とされているが、このような契約方式がとられたのは、原告の年齢（65 歳）を理由とするものにすぎず、むしろ、契約条項においては、労働契約を前提としたかのような記載がされている。そして、原告 A の業務内容は、C 苑での業務については、医師の指示の下で、B 病院のケアプランに従って業務を遂行し、外来業務では医師の具体的な指示の下で診察介助業務に従事していたのであるから、これらの業務従事の指示等について諾否の自由や代替性はない。」

> 「以上を総合的に評価すれば、原告 A の本件契約は労働契約としての性質を有するものと解するのが相当である。」

> 「本件においては、原告 A は、雇用保険法 4 条にいう被保険者に該当するところ、B 病院は、原告 A が被保険者資格を取得したにもかかわらず、その取得を届け出なかったものであり、雇用保険法 7 条に違反するものと言わざるを得ない。」「そして、以上の義務が公法上の義務であることはいうまでもないが、同上が、労働者に保険の利益を得させるという点をも目的としていると解されることに鑑みれば、単なる公法上の義務にとどまるということはできない。労働契約における使用者の本来的な義務は、労働者に対する賃金支払義務にあるが、使用者は、労働契約の付随義務として、信義則上、被保険者資格の取得を届け出て、労働者が失業等給付等を受給できるよう配慮すべき義務を負うものと解するべきである。」

として、原告 A には、被告の債務不履行により、雇用保険に加入していれば得られたはずの高年齢求職者給付金制度上の給付金と同額の損害賠償を命じており、妥当な判断といえます。

Q9 一人親方と石綿被害

　Ａさんらはいわゆる一人親方であり、大手建設会社の下請け作業員として、建設現場で作業をし、室内作業で建材を切断する際、大量に発生する石綿（アスベスト）粉じん吸引を防止するための防じんマスクを付けることなく、長期間（約20年以上）に亘って作業に従事した結果、石綿（アスベスト）を吸い込んで、石綿肺、肺がん、中皮腫等の疾患に罹患しました。

　Ａさんらが仕事中、建設業者の担当者からは、石綿等の発生による健康被害の注意や粉じん防止の防塵マスクの着用等の指示を受けたことはありませんでした。そこでＡさんらは集団で会社と国に対し、労働安全衛生法違反に基づき損害賠償等の訴えをしたところ、業者側は、一人親方は安全衛生法の適用除外であるとして争ってきましたが、Ａさんらは救済されないのでしょうか？

　A　令和3年5月の石綿（アスベスト）訴訟に関する最高裁判決で、一人親方を含む屋内建設作業者に対する国の責任が認められ、これらの被災者に対する給付金制度が創設されると共に、一人親方や請負人を保護するための設置義務等がなされることになっています。

・・・解　説・・・

1　石綿（アスベスト）被害

　石綿は、耐熱性、持久性、耐腐食性、絶縁性等に優れているという特性を持っていることから、長年に亘って吹き付け材、保湿剤、断熱材等多くの建材に大量に使用されてきましたが、人体にいったん吸引

されると肺胞に沈着し、石綿肺や肺がんなどを発症する深刻な疾患を引き起こす極めて危険な物質でもあります（なお、石綿は 2000 年使用禁止となる）。

　そのため石綿製造過程では、工場内に大量の石綿粉じんが飛散し、また建設現場では、石綿含有建材の切断や加工の際、同じく大量の石綿粉じんが飛散するにもかかわらず、製造工場でも建設現場でも、労働者や作業員等が石綿粉じんを吸い込むことを防止するための適切な措置等がとられなかった結果、石綿製造工場や建設現場で働く多くの人々が、長期間に亘って相当量の石綿粉じんを吸い込んで石綿関連疾患を発症し、しかも発症までに 30 〜 40 年の潜伏期間があるとされ、これまでに 1 万 2 千余の事業場で、毎年 1000 人以上の人々が石綿曝露作業による労災が認定されています（半数以上が建設業の事業場）。

2　石綿（アスベスト）訴訟

(1)　工場型訴訟

　2000 年代に入り、全国各地で国や企業を相手とする集団訴訟が起こされるようになりましたが、石綿訴訟には工場の元労働者や遺族による訴訟（「工場型」）と元建設作業員やその遺族による訴訟（「建設型」）とがあります。工場型については、2014 年 10 月最高裁が泉南アスベスト事件で国側敗訴の判決を言い渡し、責任期間とされた 1958 年 5 月 26 日〜 1971 年 4 月 28 日の期間内に、局所排気装置を設置すべきアスベスト工場で作業に従事していた労働者に対して、国は賠償責任を負うこととされ、同様の状況にあるアスベスト工場の元労働者及びその遺族については、国を相手に国家賠償請求訴訟を提起し、所定の要件を満たすことが確認されれば、国と裁判上の和解をすることにより賠償金（最大 1300 万円）を受け取ることが可能となっています。

(2)　建設型訴訟

　他方建設現場で石綿に曝露した元作業員並びに遺族が起こした建設型について（原告 880 人、請求総額約 233 億円）、2021 年 5 月 17 日最高

裁は、国と建材メーカーの賠償責任を認め、この判決を受けて、建設アスベスト給付金制度が創設され、訴訟手続によらず、最大1300万円の給付金が支給され、国が負うべき責任との関係では、裁判を起こすことなく、金銭的な救済が図られることになります。もっとも、建材メーカーが負うべき責任との関係では、建設アスベスト給付金制度のような特別の制度は創設されていないため、今後も損害賠償請求訴訟を提起することが必要となっています。

3　一人親方等に対する責任

(1)　建設アスベスト訴訟最高裁判決（令3．5.17）

　「建設型」訴訟では、労働者と同一現場、同一作業現場下で同一の作業に従事する一人親方を含む屋内建設作業者は、安衛法（22条、57条）に基づく保護対象に含まれるか否かも争点となりました。安衛法22条は、事業者に対して放射線や粉じん等を取り扱う危険な有害作業に従事する者につき、健康障害を防止するための必要な措置を講じる措置を、規則等で義務付けており、また同法57条は、同じく取扱従事者に危険を及ぼしたり健康障害を生じるおそれのある物につき、所定事項の表示を義務付けています。最高裁はこれらの条文が一人親方等に適用されるか否かにつき、安衛法22条、57条の保護対象は労働者に限定されないとして、

　　　「労働大臣が上記の（安衛法第22条等に基づく）規制権限を行使しなかったことは、屋内建設現場における建設作業に従事して石綿粉じんにばく露した者のうち、安衛法第2条第2号において定義された労働者に該当しない者との関係においても、安衛法の趣旨、目的や、その権限の性質等に照らし、著しく合理性を欠くものであって、国家賠償法1条1項の適用上違法である」

旨判示しました。即ち判決では、石綿被害につき、安衛法の規定上、特別管理物質を取り扱う作業場という「場所の危険性」に着目していることから、その場所で危険にさらされるのは労働者に限らないこと

を考慮し、一人親方などについても保護する趣旨と解釈するのが相当
とされたのです。

(2) 省令改正等

　石綿被害につき、一人親方を含む屋内建設作業者に対し、令和3年
特別支給金制度が創設され（令和4年1月19日施行）、更にこれらの人々
に対し、局所排気装備などの設備稼働に配慮するなど保護措置を義務
づける省令改正に踏み切り、具体的には事業者に対し①安全確保のた
めに設置した設備（例えば、有害物質の発散を抑制する局所排気装置）稼
働・使用の配慮義務、②作業方法の遵守や保護具の使用等の必要性を
周知させる義務に加えて、③危険な場所への立ち入り禁止や事故発生
時の退避等について保護措置の対象とすることとしました（令和5年4
月1日施行）。

Q10 住み込み家政婦の過労死

　Ａさんは訪問看護・家事代行サービス会社から、家政婦兼訪問介護ヘルパーとして認知症で寝たきり高齢者であるＢさんのいる家庭に派遣され、１週間に亘って泊まり込み、午前５時に起床し、２時間おきのオムツ換え、食事などの介助を行い、他方Ｂさんの息子Ｃさんを含む家族の食事の用意、買い物、掃除など家事全般を行い、午前０時から５時迄はＢさんのおむつ交換を２回行い、ベッド脇に布団を敷いて休む生活をし、この間介護や調理方法については家族から逐一指示をされていました。Ａさんは１週間後の勤務明けに休憩を兼ねて訪れたサウナで倒れて、急性心不全で亡くなったことから、Ａさんの夫は労災申請をしたものの認められず、取消しを求めて訴訟を起こしました。

A　家事代行兼介護ヘルパーの女性の死に関する令和４年９月東京地裁判決は、終戦後今日に至るまで長期に亘り、世間からほとんど忘れ去られる感のあった労基法の一条文をにわかにクローズアップさせています。本件判決は、家事代行兼介護ヘルパーの家事従事部分につき、労基法を適用して労災請求を棄却しており、同判決の判断には法解釈的には大いに疑問がありますが、それだけではなく、むしろ家事使用人であれば労基法を適用しなくても良いとした終戦直後の立法を、今日なお維持し続ける理由があるか？　あるとすればそれは何か？　という法政策的な課題を突きつけていると考える必要があるからです。

・・・・解説・・・・

1　亡Aさんの夫の請求棄却

　設問と同様のケースである東京地判令4.9.29（国・渋谷労基署長（山本サービス）事件）は、以下のように判示し、亡Aさんの夫の請求を棄却しました。

> 「亡Aは平成27年5月20日から同月27日朝までの間、B宅に住み込んで家政婦としての家事業務（本件家事業務）及び訪問介護ヘルパーとしての訪問介護サービスに係る業務（本件介護業務）を提供していたところ、上記の業務のうち本件介護業務については、本件会社の業務として提供されていたものといえるが、本件家事業務については、亡AとBの息子Cとの間の雇用契約に基づいて提供されていたものといえるから、これを本件会社の業務であると認めることはできない」

図表15 家事使用人と労基法適用

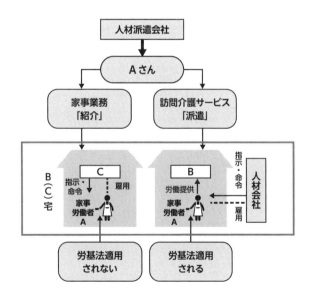

2022年9月6日東京新聞 TOKYO.Web より一部抜粋

　　　「亡AのB宅における業務のうち本件家事業務に係る部分については、前示のとおり本件会社の業務とはいえず、Bの息子Cとの間で締結された雇用契約に基づく業務であり、当該業務の種類、性質も家事一般を内容とするものであるから、当該業務との関係では、亡Aは労基法116条2項所定の「家事使用人」に該当するものといわざるを得ない。」

　　　以上のとおりであるから、亡Aが本件業務の終了後に入浴施設内のサウナを利用し、その際に発汗による脱水状態に陥って心臓血管の循環不全を起こして本件疾病を発症したといえるか否かについては措くとしても、亡Aが本件会社の業務に内在又は通常随伴する危険の現実化として本件疾病を発症して死亡したと認めることは困難といわざるを得ない。」

2　家事使用人と労基法

　家事代行兼介護ヘルパーの女性の死に関する令和4年9月東京地裁判決は、終戦後今日に至るまで長期に亘り、世間からほとんど忘れ去られる感のあった労基法の一条文をにわかにクローズアップさせています。それは「家事使用人」への労基法適用を除外した116条2項「この法律は、同居の親族のみを使用する事業及び家事使用人については適用しない」（1947年施行時は同法8条）とする条文をめぐる争いであり、本件判決は、家事代行兼介護ヘルパーの家事従事部分につき、労基法を適用して労災請求を棄却しており、同判決の判断には法解釈的には大いに疑問がありますが、それだけではなく、むしろ家事使用人であれば労基法を適用しなくても良いとした終戦直後の立法を、今日なお維持し続ける理由があるか？　あるとすればそれは何か？　という法政策的な課題を突きつけていると考える必要があるからです。

　わが国ではいわゆる「家政婦（夫）」は約1万1千人が就労しており（2015年国勢調査）、そのうち約97％が女性で占められています。紹介事業者に雇われて派遣される場合は労基法の適用対象となるものの、家

庭との雇用契約を結んで働いているケースでは適用除外され、労働時間の上限規制や最低賃金の保障はおろか、本件のように労災保険の適用もなく、大半の働き手である女性の中には、利用者から深刻なセクハラに遭う例も後を絶たない状況にあります。今回の判決は、はしなくも家政婦が置かれた労働環境の一端を明らかにしたものであり、これを受けて厚労省は実態調査に乗りだし、労基法改正も視野に入れた検討を始めることにしています（時事通信 2022 年 10 月 14 日付）。

3　家事労働者の法的保護の必要性

　世界的な高齢化の加速や働く女性の増加で、家事支援のニーズは高まっており、家事労働を含むケア労働は国境を越えた課題となっています。2000 年代に入り、わが国でも外国人労働者に対して家事代行や介護サービス業務への参入を解禁するようになってきていますが、他方では前述したように法の適用が排除されたままの状態が続いており、そのため外国人労働者の就労はさまざまな人権侵害を引き起こすことが指摘されてきています。

　2011 年、ILO（国際労働機関）第 100 回総会は、家事労働者のディーセント・ワーク（働きがいのある人間らしい仕事）に関する第 189 号条約を採択し（日本は未批准）、家事労働者に対する法的保護の拡大をめざす取組みを強めていますが、日本を含む一部の国は未だに労働法の適用対象から除外しており、その結果世界中で家事労働者の 3 分の 1 は今日でも法の保護から除外された状態が続いています。

　コロナ禍を通して、私たちの社会の根底には社会保障、社会福祉が極めて重要であることが再認識され、その中でもこれらの担い手であるケアワークなどの福祉労働は「エッセンシャル・ワーク」として注目されるようになってきました。このような労働を保護するものとしての、労基法は働く者にとって最低限の法的ルールを規定したものであり、家事労働者のディーセント・ワークの実現に向けて必要不可欠なものであることを改めて認識する必要があります。

用語索引

判例索引

【著者プロフィール】

水谷英夫（Hideo Mizutani）
1973年 東北大学法学部卒業
1976年 東北大学大学院法学研究科修士課程修了
1978年 弁護士登録。仙台弁護士会所属。

●**主要著作**
『認知症高齢者をめぐる法律実務 —— 法的リスクと相続問題』共編（新日本法規、2023）
『Q&A解雇トラブル後の実務のポイント —— 合意退職・復職の手続と対応の留意点』（新日本法規、2022）
『コロナ危機でみえた雇用の法律問題Q&A——在宅勤務 賃金 休業 罹患 ハラスメント 安全配慮義務 労災 採用 退職金 解雇 雇止め』（日本加除出版、2021）
『職場のいじめ・パワハラと法対策［第5版］』（民事法研究会、2020）
『第4版 予防・解決 職場のパワハラ セクハラ メンタルヘルス —— パワハラ防止法とハラスメント防止義務／事業主における措置・対処法と職場復帰まで』（日本加除出版、2020）
『第3版 予防・解決 職場のパワハラ セクハラ メンタルヘルス —— マタハラ・SOGIハラ・LGBT／雇用上の責任と防止措置義務・被害対応と対処法』（日本加除出版、2018）
『改訂 予防・解決 職場のパワハラ セクハラ メンタルヘルス』（日本加除出版、2016）
ロナルド・ドゥオーキン／水谷英夫［訳］『民主主義は可能か?』（信山社、2016）

Q&A 誰が労働法で保護されるのか?

2024年1月6日　初版第1刷発行

著　者　水　谷　英　夫
発行者　井　田　僚　子

発 行 所　LABO
　　　　　〒100-0013 東京都千代田区霞が関1-1-3 弁護士会館地下1階
　　　　　電話 03-5157-5227　Fax 03-5512-1085

発　　売　株式会社大学図書
　　　　　〒101-0062　東京都千代田区神田駿河台3-7
　　　　　電話 03-3295-6861　Fax 03-3219-5158

編集担当　渡　邊　豊

印刷所／日本ハイコム
カバーデザイン／やぶはな あきお　本文組版／デザインオフィス あるる館

ISBN978-4-904497-54-8 C2032
©2024 Printed in Japan Hideo Mizutani